就业扶贫在路上

中国劳动社会保障出版社

图书在版编目（CIP）数据

就业扶贫在路上 / 人力资源和社会保障部就业促进司，中国就业培训技术指导中心组织编写 . -- 北京：中国劳动社会保障出版社，2019

ISBN 978-7-5167-4074-3

Ⅰ. ①就… Ⅱ. ①人… ②中… Ⅲ. ①扶贫 – 案例 – 中国 Ⅳ. ①F126

中国版本图书馆 CIP 数据核字（2019）第 136715 号

中国劳动社会保障出版社出版发行

（北京市惠新东街 1 号 邮政编码：100029）

*

北京华联印刷有限公司印刷装订 新华书店经销

787 毫米 ×1092 毫米 16 开本 18 印张 181 千字

2019 年 8 月第 1 版 2019 年 8 月第 1 次印刷

定价：58.00 元

读者服务部电话：（010）64929211/84209101/64921644

营销中心电话：（010）64962347

出版社网址：http：//www.class.com.cn

目录

第一章　就地就近

第一节　省级经验做法

内蒙古自治区：精准就业援助
促进贫困劳动力家门口就业

内蒙古自治区始终把产业扶贫作为可持续脱贫的治本之策，借助“龙头企业＋合作社＋扶贫车间＋贫困户”、实施兜底就业援助等模式，促进贫困劳动力就近就地就业。

一、“合作社＋贫困户”模式，吸纳贫困劳动力就业

通过产业与就业深度融合，培育壮大贫困地区农民专业合作社、种养大户等新型经营主体，对贫困劳动力开展定向帮扶。加大对吸纳贫困劳动力较多企业的支持力度，根据合作社或企业吸纳贫困人口稳定就业情况，给予政策倾斜。对有贷款需求的就业扶贫车间等，扶贫部门可根据其吸纳贫困户就业户数，按每户 5 万元贷款额度计算，给予产业扶贫贷款政策扶持。例如，喀喇沁旗牛营子中药材专业合作社组织农户开展中药材种植、购销和加

工，年销售药材 6 000 余吨，平均每天用工 180 人以上，每人每年收入不少于 5 000 元，辐射到邻近旗县区。

二、“扶贫车间 + 贫困户”模式，带动贫困劳动力就业

结合实施乡村振兴战略，依托贫困嘎查（村）“一村一品”特色扶贫产业体系建设，鼓励支持各地建立就业扶贫基地，扶持贫困地区发展一批就业扶贫车间、社区工厂、卫星工厂、就业驿站等载体，辐射带动贫困劳动力就业。对吸纳 5 人（含 5 人）以上贫困劳动力就业，与其签订 6 个月（含 6 个月）以上劳动合同或就业协议，且工资待遇不低于当地最低工资标准的就业扶贫车间等载体，按规定通过就业补助资金给予其一次性资金奖补。做到了“工厂开到家门口，攻坚脱贫有保证”，真正实现了“培训一人、就业一人、脱贫一户”。目前，全区共创建扶贫车间 93 个，累计吸纳贫困劳动力就业 5 114 人。例如，乌兰察布市化德县实施“百企帮百村”工程，鼓励服装业老板回乡创业、筹建扶贫车间，已建立扶贫车间 62 家，分布在全县 6 个乡镇的 62 个中心村，把工厂开到贫困劳动者家门口，累计吸纳贫困劳动力就业 1 304 人。

三、实施兜底就业援助，助力稳定就业

精准对接需托底就业安置的贫困人口，从公益性岗位托底、劳动脱贫的思路出发，积极协调林业、交通等部门统筹公益性岗

位资源，使用行业专项资金，开发养路、护林、护草等就业岗位，托底安置无法离乡、无业可扶、无力脱贫的“三无”等就业困难的贫困劳动力。2018 年，全区加大贫困劳动力就业援助力度，把贫困劳动力纳入就业困难人员范围，将人力资源社会保障部门新开发和腾退的公益性岗位重点用于安置贫困劳动力，促进贫困劳动力稳定就业。全区通过公益性岗位累计安置 6 575 人。例如，乌兰察布市通过实施京蒙帮扶公益性岗位就业项目，面向全市 8 个国家级贫困旗县，每年利用京蒙对口帮扶资金 680 万元，设置了护林员、保洁员、治安员等公益性岗位，安置就业 2 060 人，采取了非全日制工作方式，每人每年发放 3 300 元，实现了稳定就业。

辽宁省：推进扶贫车间建设 促进就近就地就业

为全面贯彻落实党的十九大精神，开展就业扶贫精准对接服务，扶贫扶智扶志，帮助农村劳动力转变就业观念，就近就地就业，推动就业创业扶贫工作纵深发展，辽宁省扎实推进扶贫车间建设，鼓励各县、区利用乡镇、村集体闲置土地、房屋创办厂房式扶贫车间，并给予其社会保险补贴和岗位补贴，成效显著。

一、明确责任，落实任务

根据《辽宁省就业扶贫工作实施方案》要求，辽宁省专门制定下发《关于落实创业扶贫车间等工作任务的通知》，详细提出了扶贫车间创业扶持政策落地的具体举措。通过层层分解创业扶贫车间各项工作任务，确定扶贫内容、明确责任人和扶贫工作完成时限，确保工作顺利有序开展。辽宁省已建成60个扶贫车间，正在筹备建设7个扶贫车间；带动就业5 114人，其中建档立卡贫困劳动力1 788人。

二、实地督导，扎实推进

辽宁省就业和人才服务局先后赴本溪市、阜新市、朝阳市、盘锦市、葫芦岛市等进行实地督导和调研。走访农民工返乡创业企业、扶贫车间，召开农民工返乡创业代表座谈会，认真听取意见建议，并指导各市、县、区结合当地区域经济特点打造特色返乡创业聚集区，建设“农民工创业园”和“创业一条街”，因地制宜发展“一村一品”特色产业。

三、广泛建立造血式扶贫车间

辽宁省各市积极统筹优化资源配置，因地制宜发展特色产业，打造扶贫车间，变“输血”为“造血”，让更多的贫困户早日脱贫。其中，抚顺市建立了中草药种植、食用菌生产、柞蚕饲养和加工等特色扶贫车间；朝阳市引进箱包制作劳动密集型企业，利用当地长期闲置且无安全隐患的学校和厂房建立产业转移加工车间，让村里人就近就地就业；锦州市建立凌海利祥畜牧养殖专业合作社，以发展肉食牛养殖为产业脱贫项目，为建档立卡贫困劳动力发放扶贫款，给予利润分红。

安徽省：创新举措 综合施策
就业扶贫驿站构建开发性扶贫新模式

安徽省创新建设就业扶贫驿站，将促进就业、实现脱贫、发展产业、振兴乡村有机融合，更加突出“造血”扶贫、更加注重稳定脱贫、更加着眼长效机制建立。

一、坚持先行先试，明确建设思路

一是坚持试点先行。建设就业扶贫驿站是一项创新工作，无经验可循、无范例可学，安徽省首先选择在金寨县、金安区、岳西县、潜山县开展建设试点，多次派人深入乡镇现场指导，协调解决问题，完善建设模式，总结工作经验。二是统一制度规范。制定了《关于切实做好就业扶贫驿站建设管理工作的指导意见》（皖人社发〔2017〕30号），明确建设范围和条件、建设方式和标准、运营和管理等内容，做到就业扶贫驿站全省名称统一、标识统一、制度统一、规范统一。三是灵活建设模式。就业扶贫驿站建设在贫困人口较多、扶贫任务较重的乡镇、村和易地扶贫搬迁集中定居点，既可以一次性建成就业扶贫驿站，也可以先建设扶贫车间，待条件完善后再建设电商中心、公共服务中心。

二、强化因地制宜，破解建设难点

一是建设方式一地一品。在筹集建设资金上，有的采取政府投资建设、帮扶单位捐建，有的是企业自建。在安排建设用地上，有的利用旧房屋、旧场地改建扩建，有的征用土地新建。二是发展产业一站一业。在选择入驻就业扶贫驿站的企业时，坚持以环境友好的劳动密集型企业为主，既要充分利用当地特产资源，也要符合乡村产业发展需求，让企业“引得进、有效益、能发展”。三是吸纳就业多多益善。为发挥扶贫驿站安置就业的作用，叠加使用岗位补贴、培训补贴、社保补贴、创业贷款、就业奖励等政策，要求就业扶贫驿站最少能提供就业岗位 30 个以上，吸纳贫困家庭劳动力不低于总人数的 30%。四是打通公共服务“最后一公里”。公共服务中心采取定期办公、预约服务等方式，通过配备具有就业服务功能的社会保障自助服务“便民宝”，为农村劳动力提供岗位信息、职业技能培训、创业担保贷款等就业创业服务。五是合力推进电子商务进农村。依据安徽省电子商务进农村全覆盖工作部署，加强与安徽省商务厅的沟通协调，集聚、整合电子商务政策、资金建设电商服务中心，引入电子商务企业管理运营，既帮助贫困劳动者销售农产品，又打通农村物流最后一公里。

三、建设成果丰硕，带动效应明显

一是激发贫困劳动力内生动力。解决了贫困劳动力既要顾家又要挣钱的难题，提升了贫困劳动力的技能，实现了“培训一人、就业一人、脱贫一户”。二是推动乡村产业发展。支持一批服装、纺织、电子、渔网等企业发展壮大，有效缓解部分企业用工难矛盾，吸引一批农民工返乡创业。三是提升农村公共服务水平。将公共就业和社保服务延伸到行政村，电子商务覆盖到行政村，劳动力人不出村就可以享受查询就业信息、社保缴费信息等公共服务，足不出户即可在网上购买销售农产品，享受“互联网 +”的成果。四是建立开发性扶贫长效机制。支持企业、发展产业、带动就业，为贫困劳动力提供长期就业、稳定脱贫的平台，使贫困村找到发展壮大集体经济的渠道，将脱贫攻坚与乡村振兴有机衔接、相互融合。

江西省：打造六类就近就地就业平台 实现贫困劳动力就地就近就业

江西省按照政府引导、企业自主、市场化运作的可持续发展思路，重点搭建就业、创业、培训“三位一体”的六类就地就近就业平台，既满足了贫困家庭劳动力“挣钱顾家两不误”的需求，又解决了企业发展面临的用地用工难问题。目前，全省六类平台已形成了良性发展的态势。例如，上犹灯饰、宁都电商、新干箱包、新余光伏、余江眼镜、南康家具、修水皇菊、瑞金生态农业等当地特色产业已成为培育就业扶贫的品牌项目，打造了贫困劳动力就地就近就业“15 分钟工作圈”。

一、打造就业扶贫园区

通过加大资金、政策、服务支持力度，将工业园、小微企业创业园、创业孵化园等打造成就业扶贫园区，市场化引导园区企业吸纳贫困劳动力就业。截至2018年上半年，全省已建立就业扶贫示范园区60个。

二、打造龙头企业扶贫基地

充分发挥龙头企业在就业扶贫中的引领作用，将一批管理规范、社会责任感强、岗位适合的龙头企业发展为就业扶贫基地，定向招收贫困劳动力，带动一大批贫困劳动力实现家门口就业。全省已建立国家级就业扶贫基地46家，省级就业扶贫示范点600个。

三、打造乡村就业扶贫车间

一是引导园区和龙头企业创办就业扶贫车间。二是鼓励企业自主创办就业扶贫车间。发挥服装纺织、电子、农产品加工等劳动密集型企业辐射延伸作用，通过政策引导和市场化运作，促进贫困劳动力就地就近就业。三是支持返乡人员和当地能人创办就业扶贫车间。发挥返乡人员在外经商务工中积累的资金、技术等优势，以及农村致富带头人的作用，引导其利用集体或自有房屋创办扶贫车间。全省已建立就业扶贫车间4 340个，吸纳贫困劳动力就业4.5万人。

四、打造新型农村合作社

鼓励扶持一批种养殖企业建立新型农村合作社，建立“公司＋基地＋农户”的模式，利用本地优势产业或集体经济，精准对接贫困劳动力在家门口工作。

五、打造非正规就业组织

通过鼓励农村能人成立建筑队、家庭服务业组织等形式，招用贫困家庭劳动力从事建筑、家庭服务等工作，为贫困家庭劳动力就地就近就业创造条件。

六、打造就业扶贫专岗托底平台

针对贫困劳动力中通过市场难以实现就业的就业困难人员，整合人力资源社会保障、财政、民政、司法、残疾人联合会等部门职能和政策，鼓励乡镇大力开发乡村公共卫生保洁员，公办养老机构保安、保洁员，村居文化活动室管理员，乡村公路养护员，农家书屋管理员，小型水库、堤防安全管理员，林区护林防火员等各类社会服务类岗位，以此吸纳通过市场难以实现就业的农村贫困劳动力，并按规定落实就业扶持政策。

山东省：做好“三打造”推进就业扶贫车间转型发展

2018 年以来，山东省紧密结合乡村振兴战略新形势和新要求，把推进就业扶贫车间转型发展作为就业脱贫攻坚战的首要任务，打造就业扶贫车间的升级版，促进就业扶贫车间长效运行。

一、打造共享式车间

山东省人力资源社会保障部门积极加强与就业扶贫车间数量较多的临沂、菏泽等市协作，对接县域优质企业、手工业协会商会、委托工艺院校等，多方合作设立就业扶贫车间项目库，开展就业扶贫车间项目对接交流活动。同时，不断充实就业扶贫车间生产项目，推进就业扶贫车间兼业式转型发展，各地已发展出多形式的共享式车间。例如，菏泽市牡丹区季节性项目轮换的共享式车间，夏秋季进行时令水果包装加工，冬春季进行面食品加工；临沂市沂南县双堠镇侍郎宅村分区域项目共用的共享式车间，把车间升级建设为上下两层，一层为农产品包装项目，二层为服装加工项目。

二、打造标准化车间

标准化车间建设坚持“四规范”要求：一是建设规范，符合当地乡村土地利用规划，选址科学，达到建筑安全和建筑质量要求；二是生产规范，严格执行国家安全生产标准和国家环境保护监管要求，杜绝安全生产责任事故；三是用工规范，开展必要的岗前培训，与就业人员签订劳动合同（劳务合同或协议）并为其购买意外伤害保险，为符合条件的就业人员办理社会保险；四是管理规范，加强产品质量管理、设备维护管理、就业人员管理、财务财产管理等，定期进行车间事务公开。

三、打造复合型车间

在积极鼓励贫困人口就业脱贫的同时，加大贫困人口的技能扶贫、创业扶贫工作力度，不仅将就业扶贫车间作为就业扶贫载体，还作为技能扶贫、创业扶贫载体，推进就业扶贫车间从单纯的生产型车间，向就业培训学堂、返乡创业空间转型，有效提升车间场所功能的复合利用度。例如，临沂市利用就业扶贫车间近村近民的独特优势，开展"短平快式"农村实用技能培训，形成白天投入生产、晚上组织培训的"白＋黑"模式，让就业扶贫车间成为技能实训学堂；菏泽市借鉴创新"车库"创业模式，将就业扶贫车间作为返乡创业平台，吸引外出务工人员、高校毕业生等利用车间创业。

河南省：建设扶贫车间　促进转移就业

在脱贫攻坚战中，河南省把扶贫车间作为实现就业扶贫的重要载体和有效抓手，切实解决贫困人口在家门口就业的难题。

一、统筹谋划，加强顶层设计

一是坚持与招商引资相结合。按照"先招商、后建设"的原则，积极引进发展前景好、用工需求大、技能门槛低的劳动密集型企业进入精准扶贫就业基地，把车间建到村头，使之成为企业深加工、代加工点。二是坚持与农村合作社相结合。通过“合作社 + 贫困户”的模式，引导贫困户以土地、扶贫资金等入股，使贫困劳动力在获得分红收益的同时，通过到合作社务工，获得工资性收入。三是坚持与当地特色产业相结合。结合当地特色产业优势，发挥龙头企业的辐射带动作用，采取“企业 + 扶贫基地 + 扶贫车间”的模式，设立厂房式、居家式扶贫车间，发展农副产品加工、手工业、来料加工等当地特色产业。四是坚持与农民工返乡创业相结合。实施“凤还巢”工程，大力支持农民工返乡创业，设立 100 亿元的投资资金鼓励返乡创业企业建立扶贫车间，带动家乡人民致富增收。

二、完善政策，加大扶持力度

一是强化培训扶持。对建立分散加工的居家式扶贫车间、带动贫困家庭劳动力居家灵活就业的企业，河南省按规定给予其引导性、技能型、职业素养等职业技能培训补贴。二是强化创业扶持。对创办的实体吸纳贫困人口就业达到 30% 以上的乡镇、村，对其发生的物业管理、卫生、房租、水电等费用 3 年内给予不超过实际费用 50% 的补贴，年补贴最高限额 1 万元。三是强化社保扶持。对吸纳贫困劳动力就业并与其签订 1 年以上劳动合同的企业，按规定给予其社会保险补贴。四是强化资金扶持。各地结合当地实际创新就业政策，整合部门资金，对扶贫车间给予资金支持。

三、志智双扶，激发内生动力

一方面，加大宣传引导力度。通过新闻媒体、政策宣讲、文艺演出、专场招聘、沿街标语等形式，大力宣传就业扶贫优惠政策，介绍扶贫车间用工模式，宣传就业增收典型事迹，激励贫困劳动力就地就业。另一方面，加大培训力度。积极整合培训资源，针对扶贫车间用工需求，组织到扶贫车间就业的贫困劳动力参加岗前培训。对不能外出务工的贫困家庭劳动力，免费提供服装加工、手工编织、农产品加工、种植养殖等实用技术培训，方便其居家灵活就业。

四川省：扶贫小车间　就业大平台

四川省结合实施“万企帮万村”精准扶贫行动，着力化解企业“招工难”和贫困劳动力“就业难”的结构性矛盾，扎实推进就业扶贫车间建设，走出了一条促进贫困劳动力在“家门口”就业、实现脱贫增收的新路子。

一、打造“园区型”扶贫车间

在四川全省各级经济开发区、工业园区、高新产业园区中，按照新吸纳 10 个以上贫困劳动力的标准认定就业扶贫基地，鼓励企业挖掘和开发就业岗位，建立就业扶贫车间。例如，宜宾五粮液集团量身开发酿酒车间工作岗位；自贡四川丽鹰鞋业有限公司依托裁断、针车、成型“三合一”车间打造就业扶贫车间；广元四川河汇竹材有限公司开发 100 余个就业扶贫岗位，对贫困家庭劳动力提供免费食宿、培训和特殊补助。

二、打造“家工坊型”扶贫车间

针对部分贫困劳动力转移就业意愿不强的情况，各地积极寻求项目支撑，把扶贫车间搬到贫困村，把生产机器送入贫困户，促进贫困劳动力足不出村实现就业脱贫。阿坝州茂县依托当地旅游产业发展，建立羌绣加工生产就业扶贫基地，实行“统一发放底稿、学员接收订单、各自家中作业、老师定期指导”的工作模式；乐山市引导峨眉山市金威利运动用品有限公司对贫困残疾人开展免费培训、提供生产设备、发放原材料、实施订单回收，建立居家扶贫车间。

三、打造“入股型”扶贫车间

贫困户以土地、扶贫资金等方式入股成立合作社，依托合作社建立扶贫车间，贫困户既能领取分红，还能获得务工收入。巴中市巴州区化成镇长滩河村，流转 1 620 亩土地到伊缘假日乡村专业合作社产业园，通过“租金 + 利息 + 工资 + 红利”模式，为全村贫困劳动力稳定增收开辟了多个“活水源”；德阳市旌阳区双东镇东美枣种植合作社，采取“合作社 + 协会 + 示范基地 + 农户”的模式，开设各类药材、花生、瓜类、红苕、豆类、蔬菜等“田坎车间”500 多亩，解决了当地 1 860 人的就业问题，吸纳 30 多名贫困劳动力就业，人均月收入达 1 300 元。

四、打造“村集体型”扶贫车间

利用村集体的闲置厂房、校舍、空置地等资源，引进投资项目，创办来料加工、农产品初加工、乡村旅游等扶贫车间，吸纳贫困户就近就业，实现创业带动就业的倍增效益。泸州合江县榕山镇回洞桥村出租村集体厂房，引进泸州春晟服装制衣公司到村开设扶贫制衣车间，实行计件制和弹性工时，吸引贫困劳动力就业，就业者人均月收入可达 2 000 元，实现挣钱顾家两不误；宜宾市兴文县盘活大量旧村院落、闲置厂房和蚕房，在 11 个村（社）启动建设缝纫扶贫车间，组织周边贫困家庭妇女统一参加培训后在家门口实现灵活就业。

陕西省：发挥社区工厂引领作用 不断拓展本地就业容量

陕西省坚持发展经济与扩大就业相结合，以就地就近就业为主方向，想方设法扩大本地就业容量，扶持贫困劳动力就地就近稳定就业，实现脱贫。

一、支持兴建社区工厂扩大就业

陕西省将推动贫困地区经济发展与扩大就业相结合，大力发展社区工厂吸纳贫困劳动力就业。一是提供场地支持。各类企业尤其是劳动密集型企业和创业人员，在移民搬迁社区或乡（镇）、村集体老厂房、学校旧址、农家庭院、民居民宅等闲置空间开办社区工厂，吸纳贫困劳动力人数不低于员工总数1/3的，对其生产经营场地所产生的租赁费、水电费按不超过实际支出额50%的标准给予两年期限的补贴。鼓励当地政府在新建易地搬迁社区时，于居民楼下预留厂房，提供2~3年免费使用期。二是给予用工补贴。对社区工厂每吸纳1名贫困劳动力就业且签订不低于1年期限劳动合同的给予1 000元一次性岗位补贴，减轻企业用工成本。三是给予贷款扶持。社区工厂吸纳贫困劳动力人数超过其员工总数1/5的，申请创业担保贷款可享受优先办理，并按规定享受财政贴息政策。陕西省已创建社区工厂535个，令7 713名贫困劳动力实现了“楼上居住，楼下上班”。

二、培育就业扶贫基地吸纳贫困劳动力就业

鼓励企业吸纳贫困家庭劳动力，积极开展就业扶贫基地培育认定工作。一是明确标准。组织乡镇与当地或周边3个以上企业建立稳定的劳务输出输入关系，重点吸纳贫困劳动力就业，将当年新吸纳贫困劳动力分别达到30人、20人、10人，管理规范、吸纳就业能力强的企业认定为省、市、县（区）就业扶贫基地。二是分级认定。企业由当地县级人力资源社会保障部门审核后认定为县级就业扶贫基地；省、市就业扶贫基地从下级就业扶贫基地中推荐，确保各级就业扶贫基地充分发挥示范作用。三是政策支持。就业扶贫基地每吸纳1名贫困劳动力，给予500元职业介绍补贴；对认定为就业扶贫基地的，授予其牌匾，由人力资源社

会保障部门给予一次性奖励资金，并在媒体公开发布，增强其就业扶贫荣誉感，鼓励其吸纳更多的贫困劳动力就业。陕西省已认定就业扶贫基地 729 家，吸纳贫困家庭劳动力就业 13 884 人。

三、有效发挥国有企业就业扶贫作用

一是开展定向招聘。组织举办首届就业扶贫专场招聘会、国企“就业扶贫招聘月”活动，为有就业需求的贫困劳动力搭建岗位对接平台。二是产业带动就业。整合国企“合力团”资金，组建产业扶贫开发公司，建立产业扶贫基金，增强贫困地区经济持续发展能力，带动提升贫困地区就业吸纳能力。三是政策引导就业。鼓励支持国有企业发展产业扶贫项目、建设社区工厂、开展岗前培训、建立培训基地、组织就业见习等，对国有企业技术人员职称评定给予政策倾斜，支持国有企业开发公益专岗，更好发挥就业扶贫作用。

第二节　市县典型案例

吉林省扶余市：依托产业资源优势 促进贫困劳动力就地就近就业

吉林省扶余市在做好农村劳动力转移就业工作的同时，充分利用当地产业资源优势，多渠道开发就业岗位，促进贫困劳动力就地就近转移就业。截至 2018 年上半年，全市依托产业资源已帮助 2 260 名贫困劳动力就地就近转移就业，并通过劳务经济收入使贫困劳动力实现脱贫。

一、依托农民专业合作社帮扶一批

扶余市发挥各类农民专业合作社分布较广的新型产业优势，积极组织农民入社，搞集约化生产经营，帮助贫困劳动力在产业发展中实现脱贫。合作社无条件地接收贫困劳动力的土地入社按股分红，并使其在合作社里从事劳动挣工资，获得双份经济收入。全市 829 个合作社，每个合作社可帮扶当地 1~5 名贫困劳动力实现就业。

二、依托棚菜基地吸纳一批

扶余市借助棚菜生产的产业优势，鼓励 19 个规模棚菜基地积极吸纳当地贫困劳动力就业，每个棚菜基地可吸纳贫困劳动力就业 3~5 名。季节性用工的棚菜基地，可使贫困劳动力在基地年收入达 8 000 余元。

三、依托花生产供销基地安置一批

扶余市是全国有名的四粒红花生种植、加工、销售产业基地，季节性用工量较大。基地内的 200 多户业主，主动承担社会责任，积极吸纳贫困劳动力，很多业主都安置 1~3 名贫困劳动力就业，使每名贫困劳动力年收入达到 1.5 万元，实现就业增收。

四、依托规模养殖扶持一批

扶余市依托养殖产业发展助力贫困劳动力就业脱贫。全市 377 个规模养殖场，积极响应政府号召，每个养殖场都吸纳 1~2 名贫困劳动力就业，扶持贫困户脱贫。

五、依托工业园区就业一批

扶余市发挥 3 个省级工业集中区、2 个市级工业园区的产业优势，安置就业人员达 2 万人以上。各工业集中区、工业园区管委会和用工企业，积极吸纳贫困劳动力实现就地转移就业。扶余市人力资源市场深入企业，及时掌握企业的用工信息，并在第一时间将信息发布给贫困劳动力，推荐符合条件的人员到企业就业。通过送岗下乡、输送贫困劳动力到用工企业等措施，扶余市帮助

221 名贫困劳动力在辖区内工业集中区、园区实现就业，就业者月工资均在 2 500 元以上，实现了就业脱贫。

安徽省霍山县：推进就业扶贫驿站建设助力脱贫攻坚

安徽省霍山县结合实际，创新方法，多渠道开展就业扶贫驿站建设工作，让贫困劳动者不出乡镇、行政村就能享受公共就业服务，获得就业岗位和培训机会，努力走出一条“输血变造血”的家门口就业脱贫之路。

一、因地制宜建设就业“扶贫驿站”

霍山县地处大别山腹地，“七山一水一分田，一分道路和庄园”，特殊的地貌形态给就业扶贫驿站建设带来了诸多困难，霍山县就业脱贫领导小组走遍全县 18 个乡镇（园区）、43 个贫困村，开展实地调研，详细了解各地乡情、村情、民情，听取乡镇、村等各方面对驿站建设的意见、建议，坚持“一村一品、因地制宜”的原则，按照“交通便利，人口集中，易形成产业带动效应”的方法，采取政府投资建设，依托村级文化阵地、旧学校等改建扩建和新建活动板房，目前已建成 17 个就业扶贫驿站。

二、扶贫驿站推进就近就地就业

霍山县磨子潭镇宋家河村建成就业扶贫驿站，依托宋家河古村茶栈建有手工茶油生产、糙米加工、手工豆腐坊三个扶贫车间，为贫困户直接提供就业岗位；该镇还成立扶贫超市和电商服务中心实现农产品代买代卖，帮助贫困户解决山芋粉、葛根粉、干豆角、笋干等农特产品销售难的问题。

下符桥镇庙岗集村新建就业扶贫驿站，通过 PEC 模式（P 为农户、E 为电商平台、C 为企业），依托市场需求，开展农特产品生产供应、劳动技能培训、产销全面对接。扶贫车间每年可提供就业岗位 40 个以上，其中带动贫困户就业 20 户以上，通过带动贫困户家门口直接就业，由“产品的销售”到“促进就业”，由“提高收入”到“获得幸福”，真正激发了贫困户脱贫致富的内生动力，充分调动了贫困户的积极性和主动性，促进了贫困户顺利和稳定脱贫。

三、扶贫驿站助贫困户增收

通过整合资源、叠加政策、优化服务，让就业扶贫驿站成为就业服务的新阵地、居家就业的服务区、技能培训的加油站、扶持创业的催化器。全县建成就业扶贫驿站 8 个，入驻家庭农场、农民合作社、农业企业等经营主体 12 家，提供就业岗位 343 个，吸纳 154 名贫困劳动力就业，就业者年均增收 4 000 元。

江西省赣州市：打造就业扶贫六大平台 引导农村贫困劳动力就近就地就业

江西省赣州市上犹县积极发展并拓宽就业扶贫平台类型，采取企业主导、政府扶持、贫困户受益等举措，重点打造培训、贷款、就业“三位一体”的六大就业创业平台，让市场主体的“微行为”汇聚成就业扶贫的“众力量”。

一、以“乡村车间 + 贫困户”方式，建设“母鸡带小鸡”式乡村工业就业扶贫车间

针对扶贫车间“货源”不稳定、持续发展难的问题，上犹县引进光电、服装等亿元“母鸡”产业，发展 76 个“小鸡”车

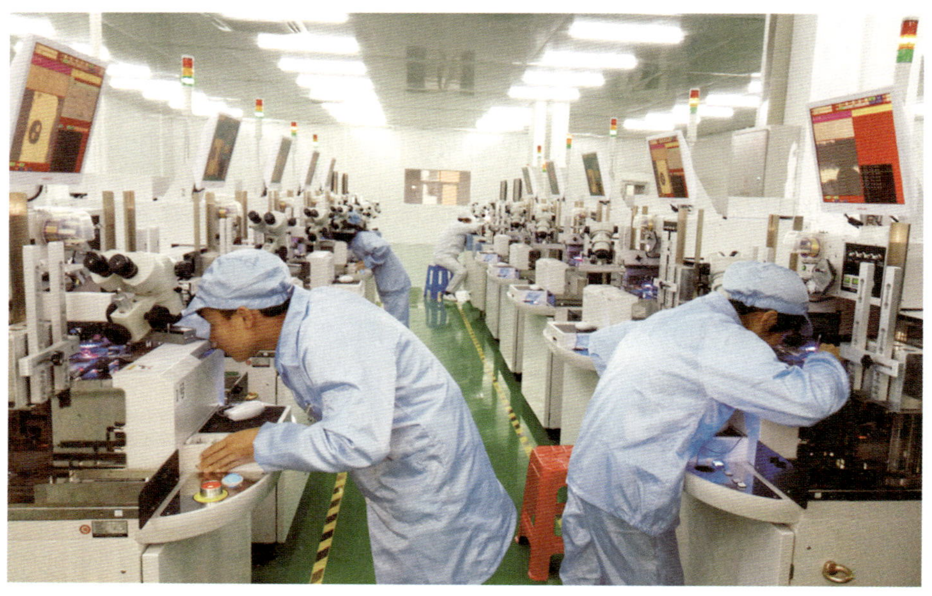

间，连接 869 名贫困人口就业创业。引进 15 位光电企业投资商组建全球首个新型铜线灯科技园、全国就业扶贫示范园区——中国·上犹光电科技产业园，计划总投资 15 亿元，兴办光电企业 30 家和扶贫车间 200 个，预计年产值 30 亿元、年纳税 6 000 万元、连接贫困人口就业创业 2 000 人。产业园一期工程已落户企业 18 家，兴办乡村扶贫车间 46 个，探索出高科技企业与脱贫攻坚有机结合的新模式。

二、以“农业基地 + 贫困户”方式，建立订单式就业扶贫农业基地

针对农业风险大、连接贫困户少的问题，上犹县建立种植、加工、营销“一体化”和养殖、防疫、销售“一条龙”的订单式就业扶贫农业基地 16 个，将基地的常规品种分发到千家万户种养，连接贫困户就业创业 2 600 余人。上犹县仙人湖米业有限公司通过订单式发展水稻种植和收购大米方式，连接 120 户贫困户就业创业；赣州络洁丝瓜制品有限公司通过订单式发展丝瓜种植 300 多亩，连接 63 户贫困户就业创业，户均纯收入达到 1.3 万元。

三、以“合作社 + 贫困户”方式，建立政企共帮就业扶贫合作社

针对贫困户缺资金、缺技术问题，上犹县建立政企共帮就业扶贫合作社 11 个，连接贫困人口就业创业 1 300 余人。如寺下

镇发展“合作社＋企业家＋贫困户”共享养牛模式，筹集资金80多万元，支持200多户贫困户养牛，户均年增收2 500元以上。

四、以“农村能人＋贫困户”方式，建立资源共享非正规就业组织

针对贫困户务工时间短、工资低的问题，上犹县建立非正规就业组织，形成县乡村三级劳务信息、培训、补贴共享，让贫困户每月务工时间增加7~8天，月收入提高600~700元。2018年，全县共建立非正规就业组织20个，连接贫困人口就业1 200余人。

五、以“公益岗位＋贫困户”方式，开发扶贫就业专岗

针对贫困家庭劳动力增收不稳定问题，上犹县开发地质灾害安全员、河道水库管理员、乡风文明监督员和乡村道路养护工等“八员三工一干”扶贫就业专岗，给予岗位员工每人每月200~1 200元务工补贴，帮扶近4 000名劳动能力较弱的贫困劳动力实现稳定就业。

六、以“小微企业＋贫困户”方式，打造“四有五保”小微企业园等六大就业创业平台

针对部分贫困人员可外出务工的情况，上犹县打造“四有五

保”小微企业园 3 个，连接贫困人员高薪就业 300 多人，贫困劳动力可享受有衣穿、有饭吃、有房住、有车接，保收入、保养老、保医疗、保救济、保就学的“四有五保”政策。

山东省临沂市：实施“四优四提”模式推动就业扶贫车间转型升级

山东省临沂市充分发挥促就业、稳脱贫的重要作用，锁定就业需求，聚焦富民增收，探索出扶贫车间“四优四提”转型提升的路子。全市共打造就业扶贫车间 762 个，累计吸纳 4 310 名贫困人员就业，人均月增收 1 200 多元，带动 8.3 万名群众实现就地就业。

一、优项目，着力提高带富能力

重点推进“三个一批”：一是加快升级一批。对吸纳贫困人员就业效果好、生产规模较大、发展规范的加工点，优先给予政策扶持，对有扩大生产经营意愿的加工点，为其积极协调村镇盘活闲置场所，促其扩大生产。全市共提升扶贫车间 549 个，吸纳贫困人员增加就业 10% 以上、贫困劳动力增收 5% 以上。二是加快引进一批。立足贫困村资源禀赋，依托龙头骨干企业、农业专业合作组织，广泛吸引优质项目落地；借力当地经济政策，引导特色产业跨县区设点经营，实现项目引进、就业脱贫与产业的融合发展。三是加快培育一批。对已成功脱贫、创业愿望强烈的贫困劳动力，综合运用创业培训、创业贷款、创业孵化等扶持措施，帮助其建设扶贫车间。全市落实创业担保贷款 2 亿元，培育扶贫车间193个，吸纳1 200余名贫困人员就业。

二、优管理，着力提高规范发展能力

重点是实施“四个统一”：一是统一项目筛选标准。为便于扶贫车间与产业项目的高效对接，结合特色产业发展实际，临沂市建立了涵盖20个大类的车间项目库，优先保障就业门槛低、市场前景好、带动增收能力强的好项目落地。二是统一扶贫车间标识。在扶贫车间显要位置，统一设置了醒目的Logo标识，增强人们对扶贫车间的认同感。三是统一编号登记。以县域为单位，对就业扶贫车间进行精准登记，实施台账化管理，实现了扶贫车间信息数据的即时查询。四是统一制度标准。在厂房选址、建筑质量、消防设施、劳保物品、医疗卫生等方面，全面落实了20条标准，实现了制度全覆盖。

三、优服务，着力提高综合竞争能力

重点打造“三个平台”：一是精准的政策平台。临沂市出台就业扶贫车间一次性奖补、创业扶贫担保贷款、培训补贴等政策，对参加“短平快”技能培训的贫困人员，每天给予80元补贴，累计落实奖补资金400余万元、培训补贴328万元。二是无缝的对接平台。通过专题招聘会、项目对接会、现场推进会等形式，促进扶贫车间与产业项目、贫困人口精准对接，打造就业扶贫车间品牌。三是高效的培训平台。发挥基层人力资源社会保障所前沿阵地作用，为进入扶贫车间就业的贫困人员积极联系培训机构，实现就业培训一体化，累计培训贫困人员 4 100 余人次。

四、优机制，着力提高运行保障能力

重点构建“三个机制”：一是动态监测机制。建立以总体盈利、制度执行、脱贫效果为主的指标评价体系，落实网格化管理，有效杜绝了扶贫车间建而不用或资源闲置情况的发生。二是产业融合机制。统筹部门资源，特别是对运营困难、盈利能力较弱的扶贫车间，提前介入，靠前服务，及时引入优质项目入驻，促进扶贫车间项目的质效双升。全市人力资源社会保障部门共推介项目 100 余个，成功落地 40 余个。三是落实保障机制。坚持将政策落实放在首位，创新金融支持方式，形成了“盘活就业资金、用好扶贫资金、撬动社会资金”的经费保障模式。全市投入就业创业扶贫资金 3 900 多万元，协调落实企业富民贷 20 余亿元，为扶贫车间长效运营提供了“源头活水”。

湖北省五峰土家族自治县：壮大茶叶产业助推精准扶贫

湖北省宜昌市五峰土家族自治县位于湖北省西南部，是以土家族为主的山区扶贫工作重点县。县委、县政府提出“提升绿茶、复兴红茶、拓展保健茶”战略，促进全县茶叶产业健康发展，助推精准就业扶贫。

一、新建标准茶园

全县 6 404 户（18 619 人）建档立卡在册贫困户，通过享受茶产业扶持政策，累计新建标准茶园 12 890 亩。政府加大标准茶园投资扶持力度，无偿为贫困户发放茶苗、茶种和肥料，鼓励贫困户通过发展茶叶实现就业增收和长期稳定脱贫。新建标准茶园一般三年即可正式投产，每亩鲜叶收入可达 1 500~2 000 元。

二、龙头企业带动

在采花乡、五峰镇、长乐坪镇和渔洋关镇等重点产茶乡镇，依托“贫困户 + 龙头企业（合作社）”和“贫困户 + 龙头企业（合作社）+ 基地”的模式，鼓励贫困户与企业合作，自合作开展以来，共带动 5 075 个贫困户脱贫致富。一是带动发展一批。针对具备茶叶生产经营条件的贫困户，由企业实行定点帮扶发展茶叶生产，并签订茶鲜叶优先保护价收购合同。在全县 8 个涉茶乡镇，充分发挥茶叶加工大户、产销大户的带动作用，通过加工增值、扩大销售等措施，提高贫困户的茶叶收入。二是流转茶园一批。茶叶企业（合作社）对贫困户的茶园和土地进行流转，实施标准化生产，为贫困户提供土地租金和劳务收入。三是劳动就业一批。茶叶企业对贫困劳动力进行培训转岗，使其从事茶叶管理、加工、销售等业务，带动贫困户 1 000 人进厂务工，共使其增加收入 800 万元。

三、技能提升培训

结合现代农业高效标准茶园项目建设，为贫困茶农提供技术培训、免费发放技术资料、无偿提供高培高管肥料和龙头企业帮扶等服务，帮助贫困茶农就业增收。截至 2018 年上半年，共组织茶叶带头人培训 60 人，新型经营主体培训 81 人，农药经销员培训 59 人。通过带头人培训指导，提高了茶叶单位面积经济效益，茶园增收幅度达到 10% 以上。已脱贫的贫困户中有近 25% 是依托茶叶产业实现脱贫的。

四、政府大力扶持

政府制定出台茶产业扶持政策，对新建茶园的贫困户给予大力扶持，每亩茶园政府无偿提供茶苗 5 000 株（或茶种 30 公斤）、肥料 200 公斤。农业技术部门对全部贫困户进行免费技术培训与跟踪指导，传授建园管理、绿色防控、修剪采摘技术，免费发放技术资料，使有意愿的贫困户茶农 100% 获得政府帮助，实现茶叶增产、茶农增收。

四川省南充市：实施“千村千园”建设工程发展产业带动贫困户就业

四川省南充市按照“一个脱贫村，一个奔康产业园”的要求，推行“龙头企业 + 专合组织 + 贫困劳动力 + 金融 + 保险”五方联盟的就业扶贫新模式，贫困户通过贴息贷款和土地入股产业园，既可按股分红和入园就业，也可反租倒包创业。

一、“一村一园”建设标准化园区

按照“产业向园区集中、贫困户向园区集中、政策资源向园区集中”的建园思路和“政府引导、龙头带动、农民主体、金融支持、专合社组织”的建园机制，围绕特色种养殖、农产品深加工、观光农业和乡村、农村电商等农村三次产业，由村支部、龙头企业、农民合作社、返乡农民工、农民企业家带动贫困户建园入园，分年度、分区域、分步骤完成全市 1 290 个贫困村脱贫奔康产业园建设。

二、百个脱贫奔康产业示范园带动推广

南充市启动建设 100 个市级脱贫奔康产业示范园，对认定

的市级脱贫奔康产业示范园，市级财政部门采取以奖代补的方式给予其资金补助。对吸纳贫困劳动力稳定就业半年以上的农业生产经营主体，市级财政部门在当地就业专项补助资金中按 1 000 元 / 人标准给予其一次性奖补。同时，利用财政补助资金在贫困村建立产业发展风险金底金，并从产业园收入中提取适当风险基金，以增强贫困户在产业发展过程中的风险抵抗力，消除贫困户产业发展的后顾之忧。

三、配套奖补政策提升园区吸引力

一是对有创业意愿和创业能力的贫困劳动力，组织开展创业培训、推荐创业项目，提供政策咨询、开业指导、入园孵化、后续跟踪等创业服务，鼓励更多贫困劳动力自主创业建园。二是全面落实场租补贴、税费减免、融资贷款等方面的扶持政策，引导有劳动能力、有发展意愿的贫困户积极发展小养殖、小作坊、小买卖（商铺）、小庭院等创业项目。三是对贫困劳动力创办领办创业实体的，给予 1 万元奖励；对贫困劳动力创业的（含经工商登记注册的网络商户），按规定给予最高额度 10 万元的创业担保贷款；对创办小微企业的，按规定给予最高额度不超过 200 万元的创业担保贷款，由财政部门根据相关规定并按基础利率 50% 给予贴息。

陕西省安康市：社区建工厂　就业家门口

陕西省安康市在全力推动脱贫攻坚工作中，为帮助无法离乡、无业可就的贫困群众实现就地就近就业，积极承接东部产业转移项目，加大劳动密集型产业引进力度，把加工厂办到群众家门口，让群众“楼上居住、楼下上班”。这种新社区工厂成为承接劳动密集型产业的重要载体，收到了农民就业、工厂发展、社区繁荣、社会稳定的“多赢”效果。

一、多措并举促进新社区工厂发展

一是明确思路。安康市政府计划用 5~8 年时间，把毛绒玩具文创产业培育成安康市新兴支柱产业，使安康市成为西北第一、国内领先、国际知名的“毛绒玩具文创产业新都”。针对毛绒玩具文创产业的特点，安康市确定了“市上主统、县区主战”的工作思路，即：市上统一产业定位、工作要求、优惠政策和协调落户；县区主责承接、谈判签约、厂房装修、员工招聘、配套服务等工作。

二是政策支持。针对毛绒玩具文创产业，安康市政府出台非常举措，设立 1 亿元毛绒玩具文创产业发展资金。对于吸纳建档立卡贫困劳动力人数不低于其员工总数 1/3 的安康新社区工厂，对其生产经营场地租赁费、水电费，按实际支出额的 50% 标准给予补贴。对与新招录员工签订不低于 1 年期限劳动合同的新社

区工厂，提供 3 个月中期技能培训补贴，补贴标准为 1 800 元，每人每月补贴 600 元，由企业组织实施培训并将补贴直接兑现给企业。凡前 100 家在安康注册企业法人证照、落户当地稳定营业一年以上、用工人数不低于 200 人、年工资发放额度不低于 500 万元的，给予每户企业一次性项目资金奖补 100 万元。

三是广泛招商。聘请毛绒玩具文创产业发展顾问，通过顾问在业内的人脉和影响力，牵线搭桥，促进外地客商来安康考察落户。

二、新社区工厂有效助力脱贫攻坚

一是促进稳定脱贫。新社区工厂对务工人员的知识文化水平和专业技能要求不高，安排的就业岗位具有简单易学、管理灵活的特点，稍有劳动能力的老年人、残疾人都能参与，较好地解决了搬迁贫困户脱贫致富问题，实现了“一人进厂、全家脱贫，当年进厂、当年脱贫，稳定就业、稳定脱贫”的目标。

二是促进新型城镇化建设。新社区工厂使广大刚完成搬迁的农民摆脱了自给自足的传统农耕方式，是城镇化成本较低、效果较好的方式之一。

三是打造东西部扶贫协作新典范。安康承接毛绒玩具产业转移来自常州市的对口帮扶工作组积极牵线搭桥。毛绒玩具产业转移不仅符合安康产业就业扶贫方向，体现了“你中有我、我中有你”的东西部产业协作新机制的特色，实现了优势互补、互利双赢、错位发展，更是安康移民搬迁群众长久脱贫的治本之策，成为东西部扶贫协作成功范例。

新疆维吾尔自治区疏附县：卫星工厂开辟劳动力就业新渠道

为适应劳动力就近就地转移就业新常态，新疆维吾尔自治区喀什地区疏附县由政府引导，按照“投资小、门槛低、有市场、见效快”的要求，在人口密集的村镇规划建设了 49 个卫星工厂，其中以新疆雨枫灵服饰有限公司投产的卫星工厂吸纳就业效果最为明显。

一、努力打造产业带动就业脱贫模式

新疆雨枫灵服饰有限公司是一家从事品牌服装生产加工及出口业务的公司，于 2018 年 1 月落户疏附县，在疏附县木什乡有 2 个卫星工厂、吾库萨克镇有 1 个卫星工厂、萨依巴格乡有 2 个卫星工厂、新型社区有 1 个卫星工厂，共解决 1 013 人就业（贫困户占 53%）。

二、加强教育宣传引导，转变劳动者就业观念

劳动者在企业就业后，疏附县通过完善工会、党支部，鼓励企业开展各类文化活动，通过做早操、唱红歌、拔河比赛、技能比拼等企业文化丰富劳动者工作之余的生活。政府部门还通过在企业宣传介绍全国劳动模范优秀农民工等优秀就业典型的事迹，传递正能量，引导劳动者树立正确的就业观念，坚决克服“等、靠、要”的思想和坐享其成、怕脏、怕苦、怕累的观念，鼓励劳动者依靠培训掌握的技能自食其力。

三、加大优惠政策落实力度，促进卫星工厂稳定用工

一方面，加大企业吸纳本地工就业优惠政策宣传力度。2018 年以来，疏附县通过各类促就业专项行动、组织企业优惠政策讲座等多种方式为企业发放 1 000 余份优惠政策宣传资料，其中为卫星工厂企业发放了 200 余份优惠政策宣传资料。另一方面，落

实培训、就业、社保补贴政策，通过用工补贴、岗前培训补贴等的发放，鼓励援疆企业和本地企业多使用本地工。2018 年以来，疏附县已为新疆雨枫灵服饰有限公司拨付培训补贴 64.8 万元，政策惠收 270 人。

四、产业带动显成效，稳定增收促脱贫

新疆雨枫灵服饰有限公司投产以来，不仅为当地群众提供了就业岗位，增加了收入，提升了生活水平，还促进了人们的思想观念、生活方式的根本性转变，促进了各民族之间的感情交流、交融，促进了社会稳定和农村经济协调发展。随着企业的不断发展，不仅为整个疏附县增添了人气，更是促进了产业集聚区的形成。实践证明，卫星工厂就业模式是一种具有可复制性和可推广性的新型就业模式，是适应南疆地区“人口多、教育水平低、人员技能低、家庭收入少”等特殊形势需求的新举措。

第二章　创业带动

第一节　省级经验做法

吉林省：搭建返乡创业载体
推进创业带动就业扶贫

近年来，吉林省将支持返乡下乡创业作为助推脱贫攻坚的有力抓手和有效途径，加大贫困地区农民工等人员返乡创业基地建设力度，让创新创业带动贫困地区劳动力就业增收，脱贫致富。

一、健全政策体系，落实专项资金扶持

吉林省先后出台了《吉林省人民政府办公厅关于支持农民工等人员返乡创业的实施意见》《吉林省人民政府办公厅关于启动农民工等人员返乡创业工程促进农民增收的实施意见》等一系列文件。特别是 2018 年以来，围绕就业扶贫，强化落实就业扶贫基地奖补、职业培训补贴、就业创业服务补助、求职创业补贴、生活费补贴，使扶持政策体系更加完善。

二、强化载体建设，引领返乡创业发展

将返乡创业工作与就业扶贫工作相结合，积极搭建返乡创业带动就业新载体，促进返乡创业经济在脱贫攻坚中更好地发挥示范带动效应。加大对就业扶贫基地和扶贫经营主体支持力度。对认定的就业扶贫基地，按每吸纳 1 名贫困劳动力给予就业扶贫基地 1 000 元的标准作为一次性奖补。对吸纳贫困劳动力的企业、农民专业合作社和就业扶贫车间等各类生产经营主体，按照每人 600 元标准给予一次性职业培训补贴。抓好农民工返乡创业基地建设，突出省级基地示范引领作用，指导各地结合自身实际，发挥本地资源优势，同步抓好市县级返乡创业基地建设。2018 年上半年，依托全省创建的 394 个农民工返乡创业基地，带动 2 071 名贫困劳动力就业。

三、构建“三库、三平台”，提升创业服务能力

在全省建立健全“三库、三平台”，即创业人才库、项目库、专家库和政策服务平台、金融服务平台、商务联络平台，为返乡创业者和贫困劳动力提供政策咨询、项目推介、创业指导、创业培训等服务。2018 年上半年，共成功推荐创业项目 783 个。印发了《关于做好 2018—2020 年培育贫困村创业致富带头人工作及细化目标任务分解计划的通知》（吉扶办联〔2018〕73 号），三年计划培育贫困村创业致富带头人 1 500 人。

四、营造舆论氛围，助推返乡创业

2018 年上半年，组织《工人日报》《中国劳动保障报》《吉林日报》、吉林电视台等国家和省主流媒体开展农村劳动力就业创业“记者乡村行”实地采访活动，开辟专版专栏，报道返乡创业典型事迹，宣传农村劳动力就业创业成果。返乡创业典型事迹和取得的成效被《中国新闻网》《新华社网》等国家主流媒体多次转发，营造了良好的就业创业氛围。

河南省：支持返乡创业　助力脱贫攻坚

河南省将农民工等人员返乡下乡创业作为脱贫攻坚的有力抓手和有效途径，积极推动返乡下乡创业，助力就业扶贫。截至 2018 年 6 月底，全省返乡创业农民工人数累计达 112.84 万人，创办市场主体 98.04 万个，带动就业 697.28 万人，带动贫困劳动力就业 45.56 万人。

一、突出主题，强化对接

一是强化思想对接。省政府召开全省外出务工人员返乡下乡创业工作经验交流座谈会，要求把返乡下乡创业与就业扶贫紧密结合，突出就业扶贫的主题。二是强化政策对接。在制定返乡下乡创业和就业扶贫政策时，注重政策衔接，增强叠加效应，形成政策合力。比如，对符合条件的吸纳贫困劳动力就业的实体，按规定给予其社保补贴和创业服务补贴；对采取分散加工、带动贫困人员居家灵活就业的企业，给予其职业培训补贴。三是强化服务对接。全省共建成农民工返乡创业综合服务中心 70 个，提供“一站式服务”，以此来帮助返乡创业农民工选择项目、提升管理能力。选拔一批创业导师深入贫困地区进行创业辅导，发布产业发展引导目录和创业项目信息，引导贫困劳动力有针对性地选择创业项目。

二、示范引领，树立导向

一是抓示范带动。评审认定 20 个返乡下乡创业省级示范县，给予 200 万元奖补。通过扶持创业带动产业发展，增强贫困县和贫困劳动力自身发展能力。二是抓园区带动。评审认定 28 个省级示范园区，给予 50 万元奖补。支持贫困县依托现有场地或各类园区建立农民工返乡创业园区，对符合条件的按每户不高于 1 万元 / 年的标准给予补贴。三是抓项目带动。评审认定 50 个农民工返乡创业省级示范项目和 30 个“返乡下乡创业助力脱贫攻坚”优秀项目并给予 10 万元或 15 万元的资金奖补，评审示范项目时将带动贫困户创业和吸纳贫困劳动力就业作为加分因素。设立 100 亿规模的“农民工返乡创业投资基金”，优先支持“返乡下乡创业助力脱贫攻坚”优秀项目。

三、多策并举，扩大就业

一是吸纳就业。引导农民工返乡创办劳动密集型企业，如服装、制鞋、纺织、玩具等技术含量较低、工艺流程简单、就业容量较大、易于创业兴办的企业，吸纳贫困劳动力就业。二是带动就业。引导农民工返乡创（领）办农民专业合作社，流转土地发展规模种植养殖，吸引贫困劳动力到合作社打工，使贫困劳动力既有土地流转的收入，又有务工收入，还可获得入股分红。三是带动创业。鼓励部分返乡农民工利用乡镇、村集体闲置土地、房屋创办厂房式扶贫车间，或设置分散加工的居家式扶贫车间，发布创业项目，带动农村贫困劳动力创业。

广东省：送教上门　电商创业与扶贫脱困“双赢”

从2015年起，广东省顺应大众创业万众创新的新形势，积极调整对口支援就业援助工作思路，以“促进劳动者就地就近就业”为出发点，结合西藏林芝、新疆喀什、四川甘孜地区资源情况，针对性开展电商创业培训，深受当地干部群众欢迎，社会反响良好。至2017年共在三地开设了9期电商创业培训班，合计培训700多人；2018年为三地培训180人。

一、始终坚持增进民族团结的政治导向

将增进民族团结作为工作的出发点和落脚点，积极促进疆籍、藏籍劳动者安居乐业、脱贫致富。三地参加电商创业培训的八成以上是藏族、维吾尔族等少数民族学员，他们与汉族学员同学习、

同交流，既增长了知识，开阔了眼界，又与汉族学员结下了深厚友谊。

二、项目选择贴近实际需求

根据三地土特产、民族工艺丰富的特点，重点以帮助销售当地土特产为突破口，顺应当前全国农村电商创业扶贫的潮流趋势，从广东引进优质社会培训资源，采取送教上门的方式，帮助当地培育一批电商人才，打通当地物品对外销售通道，实现电商创业与扶贫脱困“双赢”，促进当地经济社会发展。

三、项目执行突出实际成效

将师资、课程和学员三方面因素进行有效整合，力争效益最大化。在培训师资方面，师资均来自电商创业成功人士，拥有丰富的网店经营管理实战经验。在课程设置上，根据学员情况和培训时间，灵活设置和调整授课内容，以实际操作为主、理论讲解为辅的方式进行，着重培养学员自己动手经营网店能力。

在2017年进行的电商创业孵化培训过程中，培训课程分三大板块：一是互联网创业基础知识；二是跨境电商知识；三是淘宝电商知识。互联网创业基础课程的目标是让学员以最短时间领略到互联网在各行业的广泛运用及优势；跨境电商课程以了解、熟悉为主，开阔学员的国际视野为主；淘宝电商课程要求学员熟悉、掌握淘宝基本的创业技能并能实操开店卖货。经过15天的培训，电商创业培训班教学目标实现，教学效果良好，学员对电商这一新领域有了初步认识，触摸到国内电商平台和跨境电商平台两大板块。学员不仅在知识上有所收获，在思想认识上也有质的改变，在完成培训后众多学员开始了自己的创业之路。至培训结束，180 名学员中，有 104 人开始了网上创业。2018 年上半年，经过培训机构电话回访，学员中共有 109 人开了淘宝店。其中，新疆有 1 名学员通过经营干果、樱桃等农产品已完成销售额 62 万元，利润超过 10 万元，较以前单纯线下成交增长了 30% 以上；甘孜州 1 名 54 岁的学员通过经营干果、菌类等农产品已完成 52 万元销售额，利润超过 13 万元；林芝 1 名学员以松茸、虫草等产品为主打，通过淘宝和微信相结合的销售方式，当年销售额有 20 多万元，利润超过 8 万元。

云南省：创业带动　助力脱贫攻坚

近年来，云南省认真贯彻落实党中央、国务院扶贫攻坚战略部署，结合“贷免扶补”创业担保贷款金融扶持，精准施策，扎实推动创业工作开展，有效拓展了帮扶贫困劳动者脱贫的渠道。

一、精准施策，创业扶持脱贫

云南省结合农村贫困面广、脱贫任务重的实际，在精准识别的基础上，针对有创业能力和意愿的贫困对象给予“贷免扶补”创业帮扶。一是拓宽范围“贷”。将农村合作社的参与人纳入政策扶持范围，对参加专业合作社从事自主创业的贫困对象，给予其10万元以内的创业担保贷款扶持。二是降低门槛“免”。对贫困地区的“贷免扶补”创业担保贷款扶持对象，减免其相关行政事业性收费和税收，并给予其全额创业贷款贴息。三是贯穿全程“扶”。组织贫困对象参加创业培训，帮助其转变观念，提高创业能力，为贫困创业人员提供咨询培训、项目评审，配备导师后续跟踪创业服务，将帮扶服务涵盖创业的整个过程。四是激励机制“补”。对首次创业成功的贫困劳动力，按吸纳就业人数给予1 000~3 000元的一次性创业补贴。

二、优化服务，完善创业扶持体系

为了充分发挥创业带动扶贫的作用，云南省从强化服务入手，建立了鼓励创业、扶持创业、服务创业的服务体系。一是统一担保，降低创业门槛。云南省“贷免扶补”创业担保贷款政策实行担保转换，全省统一设立担保基金，通过全省150个州市、县区担保中心，为创业缺乏启动资金的贫困对象提供贷款担保和创业资金支持。二是部门联动，加大服务力度。“贷免扶补”创业担保贷款工作在省就业创业联席会的统一领导下，建立了由人力资源社会保障部门牵头，多个行政部门参与，共同服务创业带动脱贫工作的新局面，扩大了政策向贫困人群的覆盖面。三是导师引路，带动创业脱贫。将成功创业的优秀创业者纳入导师队伍，通过导师结对帮扶，实施产业带动，帮助建档立卡贫困户脱贫致富。例如，大理州创业导师朱红青返乡创业，在人力资源社会保障部门扶持200万元劳动密集型小企业担保贷款的支持下，立足高原特色农业项目并获得较好发展，主动挂钩64户建档立卡贫困户依托土地资源入股自主创业，探索出了通过创业带动贫困农民创业、共同实现增收的新路子。

2016年以来，云南省发放创业贷款358亿元，创业34.6万人，带动就业91.5万人；累计贷款发放总量突破700亿元，位居全国第三位；共争取中央财政贴息资金77多亿元，占全国贴息资金总量10%以上。2016年至2018年，云南省共向4 415名贫困劳动力提供了创业帮扶。

陕西省："创业担保贷款+信用村"助力就业扶贫

陕西省立足贫困地区人员创业现状，着力破解贫困创业人员担保难、融资难的问题，在全国率先出台建设创业担保贷款信用乡村政策，在国家扶贫开发工作重点县的重点贫困村——丹凤县阳阴村、延川县孙家塬村成功试点。

一、紧贴需求定准基调，防控扶贫金融风险

商洛市丹凤县武关镇阳阴村、延安市延川县杨家圪坮镇孙家塬村两村离县城都较远，山大沟深且贫困户比较集中。阳阴村适合种植中药材和袋料香菇，孙家塬村适合种植苹果，而有创业意愿的村民普遍缺乏资金，其中获得贷款的最大瓶颈是无法提供有效的反担保。陕西省创贷担保中心经过反复研究，充分借鉴经办

银行的成功经验，明确了建设信用村“方法是标、信用是本，当前治标、长期治本”的思路，建立了一套行之有效的风险防控措施。

二、以县为主夯实基础，聚焦信用找准抓手

延川、丹凤县人力资源社会保障部门联合经办银行、镇政府召开村民大会宣讲政策，逐户调查村民个人信誉、产业项目、家庭收入等情况，制定了《镇村创贷管理制度》和《创贷信用村“两委会”负责人职责》等；村两委会与借款人签订借款承诺书。同时聚焦信用、找准抓手。根据县情结合建档立卡贫困户的实际制定信用等级评定表，分解细化了 9 项对农户量化评分的指标，对信誉不良的一票否决；按照村两委班子建设、信用户比例、财务管理等 9 项指标对行政村量化评分；确定了降低反担保条件，针对不同情况灵活操作，对评分高、较高的贫困户分别给予 8 万元、5 万元贷款扶持，在满足贫困户创业需求的同时较好地保障了资金安全。

三、立足特色选准项目，创业带动脱贫

试点县就业服务部门帮助村民根据不同的技能水平、劳动力情况和自然条件选择创业项目。孙家塬村已形成了以苹果种植为主的产业格局，发放了首批 15 户（含 2 户贫困户）贷款 93 万元；丹凤县为阳阴村发放了第二批 40 户（含 7 户贫困户）贷款 248 万元。

试点的成功经验被迅速总结推广，丹凤县又新认定了 12 个创贷信用村，延川县也将再认定 1 个创贷信用村。陕西省创贷担保中心在总结两村试点经验的基础上，在全省范围内扩大了试点范围，重点在 4 个市、33 个县建设创贷信用村。目前，陕西省已经建成 43 个创贷信用村。

第二节　市县典型案例

江苏省宿迁市：电商就业铺设精准扶贫新路

近年来，在推进扶贫改革试验过程中，江苏省宿迁市紧紧围绕“精准扶贫、精准脱贫”基本方略，坚持开发式扶贫方针和先行先试原则，健全扶贫体制机制和政策举措，培育了就业扶贫的宿迁模式。宿迁市实现了国家级返乡创业试点地区所辖县区全覆盖，促进就业创业工作受到了省政府督查激励，尤其在就业扶贫方面大胆尝试，被江苏省人力资源和社会保障厅列为全省唯一电商就业创业扶贫示范区。全市累计有 5 600 名低收入农户成为网店店主，5.2 万低收入人口直接参与网络经济，26 万低收入人口在电商发展中受益。

一、突出政策规定引导，建立电商就业扶贫新机制

宿迁市在 2015 年初就提出了“电商就业扶贫”的思路，在全市建立机关企事业单位“挂村包户”脱贫责任制，把促进低收入农户从事农村电商创业和相关产业就业作为送岗位的重要途径。先后出台了《关于加快推进网络创业的实施意见》《宿迁市“十三五”电子商务产业发展规划》《关于支持返乡就业创业的实

施意见》《人社精准扶贫实施方案》等系列文件，积极鼓励网络创业，大力扶持农村电商发展，为拓展“电商就业扶贫”新路奠定基础。

二、突出创业能力提升，催生电商就业扶贫新动能

让贫困户直接参与网络创业是电商产业助力脱贫致富的根本途径。宿迁市按照扶贫与扶智相结合的原则，出台《关于开展“百千万”网络创业培训的实施意见》，将贫困劳动力全部纳入免费网络创业培训范畴，培养实战型、应用型人才。近期，又出台《宿迁市职业技能提升三年行动计划》，力争到 2020 年末，对符合条件的农民工创业培训实现全覆盖。“十三五”以来，全市通过开展网络创业培训共培训 4.72 万人，其中贫困劳动力 5 300 人。

三、突出特色品牌打造，打造电商就业扶贫新载体

宿迁市将实施“家门口就业工程”作为推动就业扶贫的路径。实施小工厂、小农场、小物流、小电商、小服务等“五小创业”工程，探索“一村一品一店”独特的农村电商发展模式，即以村为单位，“一村”培育“一品”（特色农产品），“一品”做响“一店”（网店），“一店”致富“一片”。宿豫区大兴镇喜糖盒协会吸纳全镇 35 户网点加盟，有 1/3 网店是由低收入家庭创办的，这些网店帮助 174 户低收入农户就业。目前宿迁市“一村一品一店”省定经济薄弱村覆盖率达 46%，直接或间接带动 6.5 万人脱贫。

四、突出服务体系升级，营造电商就业扶贫新环境

宿迁市着力打造市、县、乡、村四级全覆盖公共创业服务体系，为贫困劳动力网络创业提供政策咨询、创业培训、融资等服务。沭阳县新河镇山荡村借力当地传统花木种植优势，打造“山荡村扶贫驿站”，对有需求的贫困人员进行网络创业提供技能培训、市场推介、网店装修、管理等“一对一”专属服务，并免费提供摄影、摄像设备，用于花木销售网络直播。同时，还加大乡村全民创业园网络专区建设，目前，已建设乡镇及以上电商服务平台 125 家。

湖北省枝江市：借力电商领跑精准扶贫

湖北省枝江市按照“政府推动、企业主导、协会引领、社会参与、品牌带动、产业支撑”的发展思路，实现了电子商务从无到有，快速发展。紧紧围绕精准扶贫电商支持计划，帮助贫困家庭每月增收 1 500 元以上。

一、切实提供有力支撑

在资金上，每年安排 100 万元用于建档立卡贫困人员的电商扶持。对参加培训的贫困人员给予 1 200 元创业培训补贴，并按照培训地城镇最低生活保障日标准给予其生活费补助。对吸纳建档立卡贫困人口就业的电商示范网店、示范企业给予 5 万 ~50 万

元奖励。对电商自主创业人员给予 5 万 ~10 万元贷款扶持，2 年内全额贴息。在场地上，在所有村（社区）党员群众服务中心设电商服务站和电商孵化器，村电商服务站优先录用建档立卡贫困人员。在住所上，对电商创业人员实行“三个不变”“四项保障”“五大优惠”政策，即农村土地家庭承包经营权、现有宅基地使用权、村集体收益分配权“三个不变”；享受与城市居民同等的养老保险、医疗保险、子女入学、就业创业“四项保障”；享有契税补贴、费用减免、贷款优惠以及燃气安装和用水价格“五大优惠”。

二、切实做到精准施策

一是创优服务环境。对电商创业企业、创业团队，枝江市实行“首席服务官”制度和点对点帮扶，携手阿里巴巴集团实施“村淘”项目，建成农村淘宝枝江服务中心。在全省率先与蚂蚁金

服集团共建“蚂蚁金服 + 枝江市”，引进京东公司与宜昌龙鑫农资大市场合作，建成京东枝江服务中心和“京东 · 枝江馆”。二是培育电商骨干。依托淘宝商学院、村淘枝江服务中心、京东枝江服务中心、枝江市职业教育中心等机构，确保每个贫困村至少培训一名电商应用人才和信息员，引导和支持贫困村开办网店。杨林，2009 年返乡创业做电商，2016 年成立了宜昌麦嗒嗒电子商务有限公司和湖北艾特网络科技有限公司。目前，公司拥有员工 1 100 人，经营面积 3 000 平方米，年销售收入 2.5 亿元。三是搭建线上平台。积极开展个体网店、电商企业“一帮多”和“一带多”活动，淘宝“特色中国 · 枝江馆”上线运营，吸引 100 多家商户和 100 多名建档立卡贫困人员加入。四是依托省供销社裕农电子商务网点，打造“裕农”电商经济。依托“邮乐网”综合服务平台枝江专区，推销枝江特色产品。

三、切实完善配套设施

一是信息网络全覆盖。全市 192 个行政村固定和移动宽带覆盖率 100%，物流快递全覆盖。建立市级电商服务中心，各镇（街道）均建成一两个快递超市，快递企业达到 30 家，快递业务覆盖所有行政村，加快形成电子商务、物流快递、实体门店“三位一体”的联动发展模式。二是村级服务全覆盖。建成村淘村级服务站 93 家，京东村级服务站 215 个，提供网购网销、代缴费用、物流配送等服务。

重庆市荣昌区："在村头"实现电商精准扶贫

荣昌区依托重庆市"在村头"电子商务有限公司，开发上线运营了"在村头"农村电商孵化平台，建立了600余个基层电商服务站点，通过平台年交易额超过2 000万元，带动600多人就业，畅通了物流，打开了扶贫产业产品销路，切实帮助贫困户增收致富，实现了电商精准扶贫。

一、共享农村信息，实现合作共赢

自2014年起，"在村头"平台建立了行政村级的成熟基层站点300个，覆盖了荣昌区所有的行政村，以每个行政村独立的电商平台和信息服务点为载体，发挥本地村干部或创业青年主体作用，通过信息化手段解决了农户农产品销售、农产品生产标准化、农产品生产溯源、工业品下乡、村级物流配送等问题。平台坚持"共创、共赢、共理、共心、共享"的发展理念，立足重庆、四川、贵州、西藏等地，建成行政村（农特产品企业）级的成熟基层站点627个。

二、带动农村创业，助力电商扶贫

充分利用平台所设立的村级服务站点，集聚各类农村人才和致富能人，在特色效益农业发展、农特产品销售、工业品下乡服

务等方面下功夫，形成农村人员带领贫困人员共奔“致富路”的良性循环。2015 年以来，平台共与 5 000 多户农户签订了购销协议。2018 年签订了购销协议的农户新增 1 000 多户，农产品销售额达 1 700 万元，实现了电商产业扶贫，为乡村产业振兴提供了农产品销售平台。

三、加强政府主导，实现双赢共进

荣昌区大力支持“在村头”电商平台，发挥政府主导作用，确保电商扶贫工作精准到位。一是加强规划引领。建立电商人才规划，将全区 50 多名大学生村官、150 多名本土人才纳入电商创业人才建设库，制定了农特电商产业发展规划、大学生村官与本土人才发展规划和战略方案。二是培养致富能手。依托电商平台，完成荣昌区 300 个村级站点大学生村官、本土人才、返乡青年等创业人员的专项培训，同时在 SYB（START YOUR BUSINESS，意为“创办你的企业”）创业培训中重点融入了电商知识。三是开展双创活动。积极组织创业项目参加中国畜牧科技论坛、西部农产品博览会、渝洽会等各类活动。联合市级孵化基地举办路演、沙龙，开展电商人才学习交流活动，提升创业者创业能力。四是打造电商品牌。积极推进“在村头”电商平台申报市级创业孵化基地工作，组织重庆市首届“渝创渝新”创业大赛。利用各类大小型农产品博览会、洽谈会等会议，推介电商平台。

甘肃省陇南市：网络扶贫助推脱贫攻坚

甘肃省陇南市是甘肃省深度贫困县区最为集中的地区，是国家重点帮扶的“两市两州”（陇南、定西、甘南、临夏）之一。近年来，陇南市积极推进数字经济发展，深入推动网络扶贫工作实施，探索出了一条贫困地区发展农产品电子商务的“陇南模式”。截至 2018 年 8 月，陇南市累计开办各类平台网店 14 602 多家，微商微店 9 800 多家，累计实现电商交易额超过 100 亿元，带动 9 万多人就业。2017 年，人均增收 710 多元。

一是坚持政府推动，实现电商扶贫集中突破。强化组织保障，成立各级电商扶贫工作领导机构，出台一系列支持电商发展的政策文件，在每个乡镇设立电商扶贫服务站，把电商扶贫作为驻村工作队的重要任务。设立电商扶贫财政专项资金，采取以奖代补、贷款增信等方式强力推进电商扶贫。

二是坚持市场运作，建立农特产品网销体系。注重对市场主体的培育，大力发展特色农产品，逐步打造一批特色农产品品牌。启动建设陇南电子商务产业孵化园和陇南农产品交易中心，在9个县区建成并运营电子商务示范点，自建网络营销平台。借力淘宝、天猫、京东等国内营销平台和物流企业，拓宽网络销售和服务平台。同时，积极引导本地企业发展电商，发挥企业主体作用。

三是坚持扶贫导向，建立网店带贫机制。积极探索电子商务与扶贫开发的深度融合，研究建立网店带贫机制，以保护价收购建档立卡贫困户农产品，为贫困群众提供市场信息、网上代购代缴等服务。确定在750个建档立卡贫困村开展试点，形成了“一店带多户”“一店带一村”和“一店带多村”的工作机制，有效带动建档立卡贫困户增收、节支、脱贫。

四是坚持人才开发，开展多层次技能培训。筹建陇南电商职业技术学院，对县区电商扶贫领导小组业务骨干、乡镇电商扶贫领导小组办公室人员以及试点村的驻村工作队、村干部、网店从业人员以及“两后生”开展全面培训。整合各县区人社、扶贫、农业、科技等部门培训项目资金和力量，大力开展农业实用技术、网货生产加工及网络宣传营销等基础知识、基本技能的培训。

五是坚持完善服务，建立电商扶贫服务体系。强化物流体系建设，采取自建快递网点、鼓励物流企业布点等办法，多形式解决物流难题。将农村网店发展纳入惠农贷款支持范围，强化金融支撑。建立网货标准体系和质量追溯、监督管理体系，保障网销农产品质量安全。

六是坚持微媒营销，培育农特产品网销品牌。不断挖掘网销产品文化内涵和地域特色，通过开设政务微博和微信公众平台、举办或参加各类展销会等方式，培育了一批知名博主和“陇南美”等影响较大的自媒体，不断扩大陇南农产品的知名度和影响力。

青海省化隆县：“拉面 + 扶贫”新模式培育脱贫新引擎

青海省化隆县紧紧围绕全县精准识别的 144 个贫困村 36 318 名贫困人员整体脱贫的目标，按照“互联网 + 拉面 +N”思路，把“拉面扶贫”作为贫困群众脱贫最主要的途径和方式。根据全国拉面店用工人员不稳定的现状和建档立卡贫困户有意愿到全国各地拉面店打工致富的愿望，创新思路提出了精准扶贫拉面“带薪在岗实训 + 创业”计划，即以市场为导向，以提高劳动力技能、促进脱贫为重点，将以往短期培训改变为到输入地在岗实训。依托遍及全国 1.5 万家拉面店平台推广“带薪在岗实训 + 创业”模式，引导建档立卡贫困对象到全国各地的拉面店先做“跑堂”，掌握一定技术后再做“拉面匠”，积累一定资金后通过政府“350”贴息贷款支持开办“扶贫创业拉面店”做小老板，计划到 2019 年实训 5 000 人，支持开办“扶贫创业拉面店”1 000 家。

一是实施以电商为平台的推广计划。依托建成运行的青海省扶贫拉面培训服务中心、中国拉面网、互联网 + 拉面电商服务中心和拉面扶贫“二合一”大数据平台，建立了实体店企业库，积极开展实训对象报名、岗前培训等工作。

二是实施以奖励为动力的促进计划。按照“渠道不乱、用途不变、统筹安排”的原则，积极整合建档立卡贫困户产业发展资金、拉面扶持资金等，采取奖补、贴息贷款支持等形式促进“带薪在岗实训 + 创业”计划落实。

三是实施以合格证为抓手的落实计划。在化隆籍拉面店集中的城市，成立由拉面经济驻外办事处工作人员和 3 名拉面店老板组成的拉面技能评定小组，按照县里统一制定的拉面技能评定标准，对各城市参加“带薪在岗实训”满一年的建档立卡贫困对象进行考核评定，经评定合格后，由化隆县就业局发放拉面技能合格证书。

“带薪在岗实训 + 创业”计划的实施，取得了明显成效。2016 年，全县共筛选 1 020 名建档立卡精准扶贫对象（其中回族 934 名、藏族 48 名、汉族 23 名、撒拉族 15 名），分别送往分布在全国 65 个大中城市的 744 家实训店进行带薪在岗实训，人均实现工资收入 4 万元以上，带动 1 002 户 4 251 人实现脱贫，其中 21 户开办了“扶贫创业拉面店”。2017 年，全县共筛选 1 262 名建档立卡贫困对象进行了实训，实现年劳务收入 5 040 万元以上，带动近 1 200 户贫困家庭 5 000 名建档立卡贫困人员实现可持续性脱贫。2018 年，在无锡市锡山区政府的大力支持下，化隆县筛选 500 名建档立卡贫困对象进行了实训，实现年劳务收入 2 000 万元以上，带动近 480 多户贫困家庭 2 100 名建档立卡贫困人员实现脱贫。

首批到达北京的藏族实训人员

第三章　劳务协作

第一节　省级经验做法

天津市：健全机制　搭建平台
促进贫困劳动力就业脱贫

天津市与对口帮扶地在劳务协作、精准招聘、职业培训等方面开展合作，帮助贫困劳动力就业脱贫，努力实现“就业一人，帮扶一家”的目标。

一、实行对口就业帮扶，破解外省市贫困劳动力就业难题

为贯彻落实中央第六次西藏工作座谈会和全国人力资源社会保障系统对口支援四省藏区工作座谈会精神，以及《东北等困难地区劳务对接协作行动方案》，天津市与山西省、西藏自治区、甘肃省等地人力资源社会保障部门对接开展就业扶贫劳务协作，天津市区级公共就业服务部门组织 80 多家企业提供 2 000 多个岗位到西藏自治区昌都市，甘肃省甘南藏族自治州、天水市等地开展跨区域现场招聘，促进当地下岗失业人员、建档立卡贫困户

以及富余劳动力实现就业。同时创新服务方式，组织带领企业与贫困县签订《就业扶贫劳务协作协议》，形成用人单位与贫困县精准对接的帮扶模式。

二、建立劳务协作长效机制，服务京津冀一体化战略实施

2018 年以来，天津市人力资源和社会保障局分别与河北省围场等 6 个贫困县签订《就业扶贫劳务协作协议》，与承德、张家口两市签订《去产能职工安置劳务协作协议》；先后组织近百家企业携 5 000 个岗位赴围场、涞源、隆化等县举办专场招聘活动；常态化组织三星电机、大众变速器等市重点企业前往河北省多个贫困县和革命老区进行现场招聘，为有来津工作愿望的外地劳动力提供就业机会，实现缓解用人单位招工压力、降低当地劳动力择业成本、推动当地经济社会发展三赢。

三、深入雄安三县，搭建常态化就业扶贫平台

率先进入雄安新区三县建立办事处，派驻专员现场服务，常态化开展职业指导、求职登记、就业推荐、职业培训以及人力资源外包、定向招考等业务；实行“培训 + 就业”模式，主动与雄县就业部门协调，承接雄县大营镇居民职业技能培训服务项目，聘请优质师资为 120 名学员提供高低压电工培训，并根据学员特点调整授课方式；在培训中加入市民适应性培训课程，为学员向雄安新市民过渡提供丰富知识储备；针对当地劳动者需求策划

“招聘周”“就业服务月”，搭建对接平台，推动企业组团赴新区招聘，在安新县、容城县组织举办力神招聘专场、富士康招聘专场、2018“春风行动”专场招聘会等活动，降低劳动者就业成本，促进多元化就业，实现劳动者批量就业。

江苏省：建立帮扶机制　搭建合作平台

江苏省认真贯彻中央和省委省政府有关“深入实施东西部扶贫协作”的决策部署，聚焦“开展劳务协作”中心任务，与陕西省通力合作，以举办“春风行动”为主抓手，全力推进落实苏陕《劳务协作协议》，开展“五个一”工作，有力促进陕西农村劳动力转移就业、增收脱贫。

一、举办一个活动

江苏省人力资源社会保障部门紧紧抓住春节前后农村劳动力外出务工的“高峰期”和“黄金期”，坚持既要“转”出去又要“引”进来的工作思路，与陕西省人力资源社会保障部门共同开展了以“促进转移就业、助力脱贫攻坚”为主题的“春风行动”。2018年2月27日，在陕西省安康市举办了活动启动仪式暨苏陕扶贫劳务协作招聘会。南京、无锡、苏州、徐州、常州、南通、镇江、扬州等市也分别与陕西对口帮扶地区同步开展现场招聘和网络招聘活动，累计推送江苏优质用工岗位信息8万多条，吸引陕西农村富余劳动力特别是贫困劳动力赴苏就业。

二、深化一项合作

江苏省立足省情实际和陕西省需求，在充分沟通协商的基础上，就双方开展订单式就业培训达成合作协议，明确了建立就业培训需求精准对接平台等 10 个合作项目，形成了完备的合作机制。江苏省在培训管理、服务、政策、资金、师资、设备等方面全方位给予陕西省支持，体现了精准对接、订单培训、定向就业、全程服务的工作理念。此次协议在原有结对关系的基础上，将苏州、无锡的帮扶地区拓展到陕西安康和汉中两市下辖的 6 个国家级深度贫困县，进一步突出援助重点，增强帮扶实效。

三、召开一次会议

2018 年 6 月 8 日，在汉中市召开苏陕劳务协作推进会，明确要建立落实苏陕扶贫协作精准对接工作机制，做到岗位信息精准、数据比对精确、跟踪服务精细，营造拴心留人的良好环境；支持组建各级苏陕人力资源服务产业联盟，整合发挥各方资源优势，搭建更多帮扶对接平台，拓宽陕西贫困劳动力增收致富渠道，推动苏陕扶贫劳务协作向纵深发展，全力以赴完成苏陕扶贫劳务协作年度重点任务。各结对市现场签订开展订单式就业培训合作协议，并启动苏陕劳务协作陕西深度贫困地区就业创业基层行活动。

四、组织一次培训

2018 年 7 月 18 日，陕西、江苏两省省人力资源社会保障厅在江苏省连云港市联合举办陕西贫困地区就业创业带头人能力提升培训班，陕西省省市两级人社部门职能处室负责人、10 个市 56 个贫困县区部分就业扶贫基地和返乡创业示范园区负责人共计 76 人参加培训。培训班通过分享江苏省近年来在发挥中小微企业吸纳就业主渠道作用、培育互联网领域等新就业形态、激发全民创业活力等方面的经验做法，帮助学员在思想上有启发、知识上有收获、能力上有提升，鼓励学员更好地服务于陕西脱贫攻坚大局和就业扶贫事业。

五、开展一次互访

根据两省人力资源社会保障部门建立苏陕劳务协作定期会议、交流和互访制度的有关要求，陕西省人社厅领导先后两次赴江苏省人社厅，共同交流总结苏陕劳务协作的工作成效，认真谋划下一步工作思路，并赴南京、扬州、镇江等地实地考察，调研部分苏陕就业扶贫基地，看望慰问陕西籍农村务工人员。同时，江苏省人社厅就业服务管理中心负责同志赴西安，与陕西省人社厅相关职能处室以及省对口帮扶陕西省工作队共同研究苏陕劳务协作重点事项，初步排定了年度工作计划，为落实两省劳务协作精准对接建立了良好的工作机制。

浙江省：多举措深化东西部扶贫协作

浙江省高度重视东西部扶贫协作，举全省人力资源社会保障系统之力，推进四川、吉林、湖北、贵州四省80个深度贫困县脱贫攻坚工作，把建档立卡贫困人员劳务协作作为重点，以“五个强化”推动人社部门东西部扶贫协作取得实效。

一、强化组织领导

浙江省成立了以省人力资源和社会保障厅厅长为组长，三位副厅长为副组长的工作领导小组。2018年以来，两次召开厅党组会，专题学习研究扶贫协作工作，对今后一个时期重点工作进行全面部署。各市人社部门也成立了工作领导小组，宁波、温州、绍兴、金华、台州等地出台了扶贫协作工作方案和行动计划。各市县纷纷到帮扶地区对接工作，签订劳务合作协议，着力在贫困人员劳务协作、创新创业对接合作等方面下功夫、求实效。2018年上半年，全省各市县赴受援地调研对接劳务协作92次，签订劳务协作协议69份。

二、强化摸底调查

浙江省组织各相关县（市、区）联系帮扶地进行基础信息摸底调查，了解结对县基本情况和建档立卡贫困人员信息，编制工作联系簿。通过电话调查方式向四川40个帮扶县、贵州黔东南州和黔西南州、湖北恩施州、吉林延边州了解当地建档立卡贫困人员在浙就业情况和有意愿来浙转移就业人数。

三、强化政策扶持

一是加强公共就业服务。对未就业的贫困劳动力提供政策咨询、就业指导、职业介绍等“一对一”精准免费就业服务，对已就业的贫困劳动力提供跟踪服务，帮助其稳定就业。二是提高劳务组织化就业程度。对难以市场化就业的贫困劳动力或残疾家庭大龄贫困劳动力给予托底安置、岗位补贴；鼓励用人单位吸纳困难和贫困人员就业，给予吸纳就业 1 年以上的用人单位一定补贴；支持有组织劳务输出，给予省际对口劳务协作的市场主体就业创业服务补贴。三是鼓励建档立卡贫困劳动力自主创业。对符合条件的小微企业和创业者分别给予最高 300 万元和 30 万元的创业担保贷款贴息支持；对符合条件的贫困劳动力初次创办个体工商户或企业、正常经营并缴纳社会保险 1 年以上的，给予不超过 5 000 元的一次性创业社会保险补贴，对带动就业 3 人及以上的，给予不超过 2 万元的带动就业补贴。

四、强化转移就业

搭建东西部地区劳务协作服务平台，建立劳务协作联席会议制度，取得明显成效。2018 年上半年，全省共举办劳务协作专场招聘会 94 场，提供各类岗位 12.1 万个，达成就业意向 6 700 人（其中建档立卡贫困人员 1 126 人）。杭州、宁波、温州、金华等市建立了跨区域就业岗位信息采集和发布制度。充分利用“互联网＋”平台，针对东西部地区贫困人口劳动力资源特点和就业需求，定期分类推送岗位需求信息，及时更新岗位信息库，实现就业信息共享，促进供需有效对接。

五、强化智力帮扶

采取两地培训、结对帮扶等方式，有计划、有组织地开展技能人才交流培训。依托浙江大学、浙江旅游职业学院等院校，联合当地人社部门开展农业龙头企业负责人、农村电商、骨干教师、民宿旅游管理人员等各类专业培训，以及公益性职业技能培训。发挥创业导师等社会力量作用，支持对口地区开展创业师资培训、创业远程培训等，指导开展网络创业大赛，提升“造血”能力。组织专家赴实地对口地区开展短期对口帮扶指导工作，加强项目合作攻关和技术指导。

湖北省：实施四级劳务对接助力精准脱贫攻坚

湖北省将贫困人员劳务协作作为推进精准脱贫攻坚的重要举措，全面实施县内对人、市内对村、省内对县、省外对东南发达省市的贫困人口“四级”劳务对接模式，实现全省贫困人口劳务对接全覆盖。

一、实施四级劳务对接，实现劳务对接全覆盖

一是开展县内对接。将县内重大工程、重点项目、龙头企业、工业园区的用工需求与贫困人员的就业技能、求职意向对接，有针对性地引导贫困人员在县内就近就地就业。二是开展市（州）内对接。各市（州）充分掌握全市（州）龙头企业、工业园区的用工需求情况和辖区贫困村的贫困人员求职意愿，搭建对接平台，实现本市（州）内用工需求较大的县（市、区）与贫困村、用工企业、贫困人员的精准对接。三是开展省内对接。组织省内没有贫困县的 8 个市与贫困县（市、区）开展专项劳务对接活动，每个市至少与 3 个贫困县开展对接。四是开展省际对接。组织省内县（市、区）与东部发达城市开展劳务对接活动，输出贫困人员到东部发达城市稳定就业。

二、健全四项工作机制，实现劳务输出精准对接

一是建立长期稳定的劳务协作机制。在贫困人员劳务输入输出地互设劳务输入输出联系站（点），搭建两地定期定向开展贫困人员劳务交流合作、就业创业服务平台。二是建立灵活便利的组织协调机制。成立劳务协作工作专门领导机构，明确责任人，畅通沟通联络渠道，共同做好企业用工与劳务输出对接工作，定期研究解决贫困人员劳务协作事宜，定期互通建档立卡人员信息、岗位需求信息。三是建立高效优质的就业服务机制。贫困人员劳务输入输出地双方每年定期开展劳务协作洽谈交流活动，提高贫

困人员劳务输出、接收的组织化和规模化程度，增强劳务对接工作实效。输出地、输入地根据企业岗位需要和贫困人员就业技能情况，组织开展贫困人员就业技能培训，按规定落实相应补贴。四是建立渠道畅通的权益维护机制。输出地加强对贫困务工人员的法律法规教育，增强务工人员遵纪守法和遵守企业各项规章制度的自觉性。输入地督促用人单位认真遵守劳动保障法律法规和相关政策，依法签订劳动合同。双方公开劳动保障投诉受理机构和举报电话，畅通贫困务工人员劳动保障维权绿色通道，切实保障贫困务工人员合法权益。

三、强化三项服务，促进稳定就业

一是强化一站式服务。围绕“四级”对接工作平台，针对贫困人员的就业需求、培训愿望等为贫困人员提供技能培训、岗位推荐、职业指导、职业介绍、公益性岗位、社保补贴、就业创业政策咨询等一站式服务。二是强化跟踪服务。各地根据实际制定跟踪回访机制，定期对输出人员的思想、生产、生活等情况进行跟踪了解，及时化解各种难题，促使其能够“流得出、稳得住、干得好”。三是强化关爱服务。各地积极对外出务工贫困家庭开展社会化服务。例如，郧西县建设村级“留守乐园”，以不同形式积极开展关爱留守儿童、妇女、老人活动，为外出务工贫困人员提供“保姆式”的关爱服务，解除他们的后顾之忧。

湖南省："1143"模式助推劳务协作脱贫攻坚

湖南省坚持把劳务协作作为推进就业扶贫的重要抓手，形成了"一套机制＋一个平台＋四个环节＋三个清单"的"1143"劳务协作脱贫工作模式，为构建全省就业扶贫工作格局、助推脱贫攻坚向纵深发展发挥了重要作用。

一、健全一套机制，强化组织保障

一是成立组织领导机构。全省各市州、县市区均成立了由政府分管领导任组长，人社、扶贫、财政等部门参与的劳务协作脱贫工作领导小组；各级人社部门成立了由主要负责人牵头的扶贫开发工作领导小组。二是建立省内外对接机制。组织省内 51 个贫困县分别与省内经济较发达的长沙、株洲、湘潭三市签订劳务合作协议；组织湘西自治州与山东省济南市建立对口协作关系、与浙江省人力资源和社会保障厅签订家政服务劳务对接扶贫行动协议；指导湘西自治州永顺县与浙江省宁波市签订相关扶贫合作协议。三是形成督查考核机制。将劳务协作脱贫纳入对全省各级党委政府绩效考核和扶贫开发工作考核范围，将贫困劳动力转移就业、贫困家庭"两后生"技能培训等指标纳入全省人社系统扶贫开发工作目标考核范围。

二、筑牢一个平台，夯实工作基础

湖南省建立和不断完善劳务协作脱贫综合信息服务平台，打造“一网找人、两头匹配”的信息综合服务网络。一是不断拓展功能。集成开发了人员管理、省部对接、人岗匹配、数据统计等七大子系统、40 个功能模块，配套推出劳务协作脱贫手机 App、微信公众号等技术载体，实现了信息及时推送、人岗智能匹配、在线面试招聘、动态跟踪服务等功能。二是确保全面覆盖。在全省推广使用信息服务平台，加大人员培训力度，实现了省、市、县、乡、村五级系统运用全覆盖，信息联网全覆盖。三是锁定服务对象。依托信息服务平台，对全省建档立卡贫困人口的基础信息、劳动能力等情况进行再摸底；对有劳动能力的贫困人员就业意愿、技能素质等进行再核实。

三、抓实四个环节，务求取得实效

湖南省抓紧抓实“识别、对接、稳岗、服务”四个关键环节，务求劳务协作取得实效。一是“比对 + 摸底”精准识别。将实地走访、问卷调查、电话寻访等摸底方式与全省社会保险全民参保登记库、劳动力资源信息库、社保卡发放信息库“三库比对”相结合，全方位摸清建档立卡贫困劳动力信息。二是“线上 + 线下”精准对接。“线上”通过信息平台进行人岗在线匹配，“线下”通过举办各类专场招聘会、设立劳务协作扶贫服务驿站、建立扶贫车间等多种方式促进人岗对接。三是“政策 + 市场”精准稳岗。联合财政、扶贫等部门制定实施岗位补贴、社会保险补贴、就业创业服务补贴等系列政策扶持措施。四是“前方＋后方”精准服务。健全“就业、培训、维权、服务”四位一体的帮扶体系，开展贫困家庭“两后生”定员、定点、定向、定岗“四定”技能补贴培训，加强对外出务工人员家庭留守老人、儿童的人文关怀，努力消除外出务工人员的后顾之忧。

四、实施“三个清单”，落实工作责任

建立“任务、稳岗、责任”三个清单，推动工作落实落细。一是通过“任务清单”找准服务对象。在精准识别基础上，按照“一村一册、一乡一柜、一县一库”的模式，全面掌握有就业意愿、尚未实现转移就业的建档立卡贫困劳动力名单。二是通过“稳岗清单”明确目标任务。对已转移就业的贫困劳动力，跟踪掌握其就业地点、就业单位、就业岗位、联系方式等信息。三是通过“责任清单”细化工作责任。在“任务清单”基础上，全省各地根据脱贫摘帽计划安排，分年度、分地区制订贫困劳动力输出计划；在“稳岗清单”基础上，省内输入地明确稳岗任务和责任，形成全省各地各部门劳务协作脱贫攻坚“责任清单”。

重庆市：深化合作项目　助力脱贫攻坚
着力打造鲁渝劳务扶贫协作升级版

重庆市积极构建扶贫协作长效机制，通过强化鲁渝两地培训合作、提升贫困劳动力就业能力、联合举行精准帮扶招聘会等举

措，签订劳务扶贫协作协议，促进贫困劳动力转移就业，着力打造鲁渝劳务扶贫协作升级版。

一、畅通对接渠道，形成长效机制

2016 年以来，重庆市人力资源和社会保障局按照鲁渝两地劳务扶贫框架协议，充分发挥部门职能优势，深入推动两地人力资源社会保障部门在劳务扶贫领域的全方位合作。山东省人力资源和社会保障厅先后 5 次赴重庆市开展专题调研，就协议落实、联合开展活动、资金使用等问题进行了对接，此外，山东省人社厅、各对口帮扶地市人社局领导还多次带队赴 14 个对口区县举办招聘会、座谈会、院坝会等现场对接活动，使鲁渝劳务扶贫协作工作逐步形成长效工作机制。

二、强化培训合作，提升就业能力

重庆市 14 个贫困区县积极与对口援助地市人社部门沟通，培训贫困家庭未就业人员。一是送教上门。济南市和烟台市选派优秀教师赴重庆武隆区和巫山县送技能，济南市在武隆区江口镇为 50 位建档立卡贫困户进行了为期 5 天的 SYB（START YOUR BUSINESS，意为“创办你的企业”）创业培训。二是组织对口培训。云阳县与威海市沟通，邀请 80 名有就业意愿的贫困家庭人员赴威海市参加电子商务和乡村旅游培训。三是组织校企合作。酉阳县与东营市加强互访交流，酉阳县职业教育中心与山东蓝海酒店集团签订“校企合作”协议，制定了精英人才培养战略合作方案，确定了“联合办学＋免费培训＋安置就业”的合作模式。

三、开展联合招聘，促进转移就业

在每年开展的就业鲁渝行“春风送岗助脱贫”活动中，将山东提供的招聘岗位信息通过重庆就业网、“重庆就业”微信公众号推送给有就业意愿的贫困人员，提高扶贫政策和就业岗位在贫困人员中的知晓度。2016 年以来，山东省人社厅与重庆市人社局共同主办了多场鲁渝就业扶贫专场招聘会，共组织 437 家鲁渝企业进场招聘，提供适合贫困劳动力的就业岗位 5 万余个，吸引近 1.5 万名求职者入场求职，现场达成就业意向 2 260 人。

四、深化合作项目，提升工作质量

为深入贯彻落实以习近平同志为核心的党中央关于东西部扶贫协作的重大决策部署，推动重庆与山东劳务扶贫协作工作向更深层次、更宽领域、更高质量发展，2018 年 7 月 9 日，重庆市人社局与山东省人社厅共同签订了《劳务扶贫协作落实方案》，进一步拓展协作领域、丰富协作内容、创新协作方法，决定在职业培训合作、劳务协作扶贫车间建设、就业和信息动态对接、家庭服务业对接、创业服务协作、项目费用支出管理和建立日常沟通机制 7 个方面全方位开展合作，联手打造鲁渝劳务扶贫协作升级版。

贵州省：以家政护工培训输出为重点促进贫困劳动力就业脱贫

贵州省作为全国脱贫攻坚“主战场”，贫困面大、贫困程度深、贫困人口多，针对这一实际，结合家政护工行业就业容量大、门槛低、增收快的特点，贵州省通过主动对接打通就业渠道、逐户走访摸清底数、精准开展技能培训等方式，推动护工家政劳务人员培训输出工作，并取得积极成效。

一、三级联动，打通护工家政人员就业渠道

一是充分发挥省级层面对接协调力度更大的优势，分别到北京、四川等地，通过与多家单位召开座谈会、实地走访等方式，帮助护工与家政服务公司进行对接。二是市（州）人社部门进一步加大与对口帮扶城市的沟通协调力度，摸清输入地家政护工市场需求情况，建立长期稳定的家政护工劳务合作工作机制。三是县级人社部门通过召开当地医院座谈会、上门走访护工家政企业等方式，就地就近挖掘用工岗位，进一步拓宽了护工家政人员就业渠道。

二、摸清底数，深入细致开展组织发动工作

一是依托基层公共服务平台及村支两委干部、驻村工作人员进村入户，重点摸清辖区内农村贫困劳动力培训及就业意愿，建

立暂未转移但有劳动能力、有转移就业意愿的贫困劳动力数量和基本情况台账，实施动态管理。二是紧紧围绕劳动力的就业需求、培训愿望，通过电话联系、实地动员、发放宣传资料等多种措施，做到家喻户晓。三是将拟推荐就业岗位数量、岗位详细信息等基本情况进行梳理汇总，通过手机短信、微信等多种方式，有针对性地向有相关需求的劳动者和用人单位进行推送，做到人岗相适、以岗定培，保证培训后输出就业。

三、建立劳务协作培训基地，探索就业脱贫新模式

主动与家政护工行业龙头企业进行对接，搭建劳务合作平台，在建立对口劳务协作基地的同时，引入企业下属技工院校和培训中心等培训机构，搭建“劳务基地—技能培训—上岗就业”的一条龙就业流水线，真正实现“招生即招工、上课即上岗、结业即就业”。目前，全国家政行业龙头企业“管家帮”已在遵义市建立劳务协作和培训基地，预计年培训量将达到 2 万 ~3 万人。通过转变培训方式、采取“技能培训 + 观念培训”“技能培训 + 语言培训”等方式，针对贫困劳动力就业观念落后、少数民族地区存在语言障碍等问题，不断强化培训效果及培训针对性。

四、加强后续跟踪服务，提高输出就业稳定性

一是在培训期间要求用人单位提前进行面试、签订意向用工协议，培训结束后，由人社部门将培训学员直接送到输入地企业上岗就业，对企业吸纳贫困劳动力稳定就业，并签订 1 年以上劳

动合同的，按每人 500 元的标准，给予其一次性补贴。二是做好培训学员到岗后跟踪管理服务工作，精准掌握输出对象的入职（在职）情况、薪酬待遇等动态信息，对人力资源服务机构、劳务经纪人等市场主体开展有组织劳务输出，输出的贫困劳动力稳定就业 6 个月以上，且提供 1 年跟踪服务的，按每人 400 元的标准给予一次性跟踪服务补贴。三是督促指导企业按照同工同酬原则，合理确定劳动定额和计件报酬标准，依法参加社会保险，维护转移就业人员的合法权益和人身安全。

宁夏回族自治区：闽宁对口扶贫劳务协作取得新成效

宁夏回族自治区进一步提升了闽宁两地劳务协作扶贫组织化程度，在政策上、机制上均有所突破，推动闽宁对口扶贫劳务协作工作取得新成效。

一、完善政策有保障

宁夏回族自治区制定《关于进一步做好新形势下就业创业工作的实施意见》《关于做好新形势下农村劳动力转移就业工作的通知》《进一步推进就业扶贫工作若干意见》和《深入推进扶贫劳务协作提升劳务组织化程度的通知》等政策文件，将农村建档立卡贫困劳动力纳入就业援助对象，通过购买农村建档立卡公益性岗位，提供外出转移就业交通补贴、社会保险补贴、扶贫车间吸纳就业补贴、创业补贴，开展免费的职业技能或创业培训等政策措施，着力推进农村就业困难群体就业创业脱贫增收。

二、专场招聘有效果

2018 年，借助“春风行动”契机，联合福建对口协作县（区）举办闽宁劳务协作专场招聘会 19 场，参加招聘会的福建企业 108 家，提供就业岗位 7 316 个，达成就业意向 1 301 人（建档立卡贫困劳动力 191 人），参加职业技能培训 420 人（建档立卡贫困劳动力 149 人）。

三、互访对接有力度

2018 年 3 月 22 日，宁夏隆德县政府带队赴福建闽侯县开展对接活动，签订《闽侯县—隆德县深化对口帮扶工作框架协议》。随后，闽侯县政府带队对隆德县进行回访洽谈活动，挂牌成立隆德县—闽侯县劳务协作工作站，召开劳务协作座谈会，签订《闽侯县—隆德县劳务协作协议》。宁夏红寺堡区与福建德化县共同举办劳务协作座谈会，制定《红寺堡区闽宁劳务协作实施方案》。5 月 16 日，宁夏人社厅赴福建省对接并签署《福建省—宁夏回族自治区人力资源社会保障事业互学互助对口帮扶合作协议》；5 月 18 日，在福建涵江区举行“涵江区西吉县对口扶贫协作座谈会暨签约仪式”；5 月 30 日，与福建中国海峡人才市场签署《闽宁两省区全面提升宁夏人力资源服务业发展合作框架协议》。

四、协作能力有提升

2018 年 3 月 20 日至 26 日，宁夏海原县组织 40 名乡镇劳务工作人员赴福建漳州科技学院进行培训，以提升一线服务水平和能力，促进海原县劳务产业脱贫攻坚工程发展；红寺堡区组织参加过福建电子商务创业培训的 69 名学员与德化县建窟电商孵化园等基地进行业务提升视频交流座谈会，交流与德化县电子商务技术发展和合作事宜；8 月 12 日至 17 日，红寺堡区组织 25 名乡镇分管领导、劳务专干、优秀劳务经纪人赴福建德化县参加闽宁劳务协作基层公共就业服务能力提升专题培训班。

五、扶贫协作有成效

2018 年 4 月以来，宁夏彭阳县组织输送 516 人（建档立卡贫困劳动力 183 人）赴厦门、泉州、福州企业实习就业；西吉县于 4 月向福建省莆田市组织输送 156 人（建档立卡贫困劳动力 37 人），7 月又组织 703 名职业院校毕业生（建档立卡贫困户毕业生 387 人）赴厦门东南汽车、飞毛腿等规模企业实习就业；隆德县于 5 月组织输送 258 人（建档立卡贫困劳动力 91 人）赴厦门、福州等企业就业；原州区组织输送 10 人（建档立卡贫困劳动力 7 人）赴厦门就业。2018 年上半年，宁夏共向福建组织输送 705 名建档立卡贫困劳动力就业，完成全年目标任务的 141%，力推闽宁有组织劳务协作工作取得实效。

第二节 市县典型案例

北京市丰台区：突出脱贫 注重增收 努力开创县域劳务协作新局面

北京市丰台区按照聚焦精准、强化协作、突出脱贫、注重增收的工作思路，重点与河北省涞源县和内蒙古林西县、扎赉特旗建立了对口帮扶劳务协作关系，通过完善劳务输出、输入协作机制，搭建全方位、多功能的劳务输出对接协作平台，充分发挥本区资源优势，开创了区域就业扶贫新模式，有力促进了帮扶地区建档立卡劳动力脱贫工作。

一、完善机制，夯实就业帮扶基础

根据北京市东西扶贫对口帮扶工作安排，丰台区人力资源社会保障局重点与河北省涞源县和内蒙古林西县、扎赉特旗人力资源社会保障部门建立了就业扶贫协作关系，签订了《劳务协作扶贫行动协议》，印发了《对口支援就业帮扶方案》，建立了岗位信息发布、职业技能培训、产业项目对接等工作机制。丰台区选派业务骨干赴对口帮扶地区参与就业工作的筹划、指导、服务，同时邀请对口帮扶地区就业系统领导干部来丰台区参与政策起草、活动组织、业务经办，实现双方同步共振，为就业帮扶奠定了坚实基础。同时，与对口支援地区人力资源社会保障部门联手，开展建档立卡“回头看”工作，重新梳理出 2.3 万户、4.8 万人的帮扶对象，综合分析致贫原因和市场就业需要，确定了将因缺技术致贫 3 277 人、因灾致贫 1 405 人作为就业扶贫重点对象，建立就业扶贫工作台账，实现精准帮扶。

二、突出培训，提高就业致富能力

一是整合丰台区职业技能培训资源，每年安排 120 余万元财政资金，主要用于建立对口支援地区培训补贴和师资支教补贴制度。丰台区已先后在涞源县组织了 10 批 457 人、在林西县组织了 3 批 213 人参加技能培训。二是组织北京市优秀技工院校与林西县职业学校结对共建，为当地培养师资力量；组织当地大棚种植、畜牧养殖的专业技术人员，开展种、养殖培训，培养致富带头人。三是鼓励企业到涞源县、林西县建立培训学校，结合企业自身发展和用工需要，定向开展家政服务、养老护理、母婴护理等专业培训，培训后组织学员到本企业上岗就业。丰台区在扎赉特旗职业技能培训学校挂牌成立了扶贫培训基地，征集北京企业用工需要，委托开展订单、定岗培训，培训后再组织学员到北京就业，有效提高了培训的针对性。

三、送岗上门，拓宽就业渠道

一是切实摸清帮扶地区劳动力就业需求、驻区企业用工需求，在做好人岗匹配、信息发布、预先报名工作的基础上，先后组织辖区 50 余家北京企业，携近 8 000 个工作岗位，分赴对口帮扶地区举办 5 场招聘会。二是针对难以实现市场化就业的就业困难人员，主动与帮扶地区人力资源社会保障部门研究，结合护林、护草和村域保洁等社会发展需求，协同为就业困难人员增加 300 个公益性岗位。三是研发“人人就业”公共就业服务平台，将平台端口向帮扶地区延伸，使建档立卡贫困劳动力通过手机终端与丰台区同步实现岗位信息检索、求职简历生成、远程终端面试，足不出户即可共享丰台区岗位信息资源。

四、智志双扶，提升帮扶工作水平

丰台区财政支援建设 3 930 平方米的林西县贫困人口就业创业服务中心，捐赠电焊机 20 台（套）、焊条烘干箱 1 台、计算机 60 台、课桌椅 100 套，引导北京无忧草家庭服务产业集团、盛唐信息技术有限公司入驻，形成了集岗位信息推荐、技能培训、创业培训、远程面试、远程培训、企业孵化于一体的综合性就业创业服务平台。依托平台，无忧草集团面向 300 余名建档立卡贫困劳动力开展催乳师、育婴员、养老护理培训，培训人员全部通过职业技能鉴定并上岗工作；盛唐信息技术有限公司与林西县签订“林西大数据及服务外包产业示范基地项目”合作协议，预计将为林西县提供 700~1 000 个就业岗位。

天津市河东区：远隔千里送援助 心手相连助脱贫

为深入贯彻党的十九大精神，落实精准扶贫工作，推动对口支援地区科学发展、持续改善民生，2018 年以来，天津市河东区人力资源和社会保障局多次赴甘南迭部县开展对口帮扶工作，让服务再升级，助对口支援地区展新貌。

一、一日调研，连走三地考察服务

在对迭部县开展扶贫工作的调研中，主要考察了迭部县尼傲乡、多儿乡、益哇乡三个受援地区，提供了涉及 3 个企业的大量

岗位的招聘信息及河东辖区内 26 家民办职业培训机构的多个专业的培训目录；对 4 户贫困学生家庭进行慰问，送上了慰问金，并组织企业家与贫困学生建立了长期的帮扶关系。

二、一个平台，全力促进就业提升

对接迭部县电子商务平台建设，在森源商贸有限公司举办了电商扶贫培训讲座，聘请培训教师通过案例教学方式，深入浅出地对 26 名当地群众进行了培训，受到当地政府部门、企业和群众的一致好评。培训结束后，多名贫困大中专毕业生与培训教师进行了深入交流并互留了联系方式，纷纷表示希望能够进一步向老师咨询探讨电子平台建设有关问题，希望能够参加更多这样务实有效的培训。

三、座谈对接，当场签订合作协议

河东区人社局同迭部县人社局进行了对接洽谈，双方分别就技能培训、就业合作和挂职交流等三项内容达成共识，并签订了就业扶贫合作协议，通过每季度提供至少 200 个就业岗位，帮助更多建档立卡的贫困群众实现就业增收。双方商定，尽快就迭部县人社局干部到河东区人社局挂职交流学习拟订合作协议，尽快促成合作。

河北省承德市：扎实推进劳务协作 精准助力扶贫攻坚

河北省承德市把精准扶贫、精准脱贫作为当前首要的政治任务，深入贯彻国家东西部扶贫协作重大战略部署精神，把劳务协作作为推动精准就业扶贫的重要抓手，全力推进农村劳动力特别是贫困劳动力转移就业，取得了一定成效。

一、健全机制抓协作

成立专门对接机构，主动与京津等地积极开展劳务协作对接活动。承德市人社局分别与北京市人社局、天津市南开区人社局建立了劳务协作机制，并签订了《家庭服务业合作协议》《劳务协作协议》，在人社厅组织下签订了《京津冀鲁就业扶贫劳务协作协议》。市、县（区）有关人员累计向京津等地外访 48 次，工作对接63次，与京津482家用工单位建立长期合作关系，滦平、丰宁人力资源市场已实现与北京市人力资源信息对接和资源共享，隆化等5县与天津市5区实现了人力资源市场对接和资源共享。

二、精准对接抓输出

一是精准收集推送就业岗位。收集京津人社部门推荐企业岗位信息53 706条，利用县乡村三级公共服务平台，以及电视、手机App、宣传单等形式直接送岗进村入户，为每个贫困劳动力提供不少于3次岗位信息。二是提供精准招聘服务。联合京津人社部门举办京津冀一体化暨扶贫攻坚高校毕业生人才招聘会、北京承德家庭服务业协同发展招聘会、农村劳动力转移就业大型招聘会以及京津对口帮扶各县专场招聘会等85场，参会企业786家次，提供岗位19 547个。三是打造紧贴市场需求的劳务品牌。承德毗邻京津，与京津劳务合作基础深厚，多年来，形成了“承德服务员”“山庄机电工”等一批品牌，在巩固原有劳务品牌的基础上，承德市又与京津密切合作，重点打造了“热河嫂”“承德家政”等劳务品牌。

三、创新模式抓培训

一是对接京津实行先培训后就业一条龙服务。丰宁、滦平、承德等县聘请北京专业教师，开展月嫂、养老护理员、手工编织、农村实用技能等培训，推行“招工+培训+鉴定”的套餐式服务模式，将过去以乡镇为单位的培训延伸到村。二是组织承德县新杖子镇特色农家游培训、兴隆县靳杖子村农家乐厨艺培训等，为休闲农家游产业扶贫提供了技能支撑，引进特色培训，推动居家就业。三是创新帮扶方式丰富协作内容。天津市津南区帮助隆化县开发了村级平台办公应用软件，开设了“培训就业超市”，实现了就业意愿和用工需求有效衔接。

四、强化服务抓保障

一是大力推进村级公共服务平台建设，滦平、丰宁等四县村级平台在全省率先建设完成并通过达标验收，其他县区也将全部建成达标。二是建设返乡创业就业平台。全市建成返乡创业园 8 个，其中 4 家被评为省级农民工返乡创业园，共吸引农民工等入驻创业项目 171 个，吸纳就业 564 人。三是推动全市创业服务提档升级。建立了创业服务智库平台，京津创业项目入库 200 个，聘用京津高水平创业指导专家 75 人。四是举办“就业援助月”“春风行动”“就业扶贫日”等专项活动，为 70 425 人提供就业创业服务。

内蒙古自治区赤峰市：做好京蒙对接促进就业扶贫

开展京蒙对口帮扶工作，不仅是贯彻习近平总书记东西部扶贫协作座谈会重要讲话精神的具体实践，更是提升贫困劳动力就业帮扶质量，实现精准扶贫、精准脱贫的重大举措。内蒙古自治区赤峰市高度重视与北京市的扶贫协作，严格落实京蒙合作框架协议精神，积极开展各类对接工作，切实推进就业扶贫工作开展。

一、完善劳务协议，提升协作效果

按照京蒙对口帮扶和全面合作的框架协议精神，赤峰市认真开展贫困劳动力的务工需求调查，并积极与北京对口区签订劳务对接协议，全市 8 个国家级贫困县已全部完成协议签订。2018 年 6 月 5 日，在乌兰察布市举行的京蒙劳务协作专项扶贫行动签约仪式上，赤峰市再次与北京对口区重新签订了劳务对接协议，根据协作进展情况及时调整补充协议内容，完善协作措施，提高协作有效性。

二、组织招聘活动，促进有组织输出

赤峰市积极建立与北京市的跨区域、常态化的岗位信息共享和发布机制，广泛搜集适合贫困劳动力的岗位信息，组织开展形式多样的招聘活动，为贫困劳动力和用人单位搭建对接平台。敖汉旗携手北京市海淀区举行 2018 年“春风行动”就业扶贫大型招聘会，来自北京的 10 家企业进场招聘，共向全旗农村牧区广大群众提供就业岗位 700 个，达成就业意向 116 人；喀喇沁旗与北京市西城区共同举办了 2018 喀喇沁旗——西城区“春风行动”就业扶贫大型人才现场招聘会，西城区 21 家单位参会，携就业岗位 220 个，达成就业意向 20 人。

三、开展培训合作，提高就业技能

根据自身特点，利用北京对口帮扶地区在培训机构及资金方面的优势，组织有培训需求的贫困劳动力到北京或在当地开展技能培训，提高贫困劳动力的就业技能。翁牛特旗和通州区联手开办贫困妇女家政服务员培训班，共培训学员 41 人。敖汉旗和北京市海淀区签订了农业科技培训协议，由海淀区人力资源和社会保障局出资 15 万元，首期计划培训 1 000 名建档立卡贫困劳动力，6 月，敖汉旗在兴隆洼镇举办海淀区支援敖汉旗农牧业生产科技培训班，共有 125 名建档立卡贫困人员参加培训。

四、加强能力建设，提高就业服务水平

赤峰市积极协调北京对口帮扶地区，协助加强人力资源市场和职业培训机构建设，通过提供职业指导师、培训师资等多种方

式提高公共就业服务能力和职业培训能力。林西县为推动贫困人口就业创业工作，积极和丰台区开展对接合作，利用申请京蒙帮扶资金 500 万元、地方自筹资金 947.3 万元，建成了林西县贫困人口就业创业服务中心，北京市衡惠无忧公司已入驻其中，并负责中心二层公共培训基地的运行管理。目前育婴员培训班开班两期，培训 140 人。

山西省吕梁市：做强劳务品牌助推脱贫攻坚

山西省吕梁市坚持问题导向、底线思维，着力破解群众自身存在的技能瓶颈、观念瓶颈、服务意识瓶颈、市场瓶颈，精准构建起“组织领导、宣传发动、技能培训、就业服务、政策扶持”五大工作体系，打造了诚信、勤劳、专业的“吕梁山护工”培训就业劳务品牌，使之成为帮助贫困人口和剩余劳动力掌握技能、实现就业、脱贫致富的有效途径。

一、加强组织领导，健全工作领导体系

吕梁市成立了“吕梁山护工”培训就业工作领导小组，由吕梁市委副书记任组长，市委、市政府分管领导为副组长，市宣传、人社、扶贫、财政、农委、团委、妇联、工会等为成员单位。领导小组办公室设在人社局，下设综合协调组、技能培训组、就业指导组、执纪监督组、规划考核组五个小组，负责培训就业工作

的牵头抓总、协同推进等工作。

二、制定扶贫政策，构建政策支持体系

制定出台《吕梁山护工（护理）培训就业工作五年规划（2016—2020）》（吕政发〔2016〕14号）、《吕梁山护工（护理）培训就业实施办法（试行）》（吕政发〔2016〕15号）、《关于进一步打响“吕梁山护工”品牌促进转移就业扶贫的意见》（吕办发〔2017〕22号）、《吕梁山护工技能培训提升工程行动计划》，从规划设计、体制机制、具体措施等方面予以保障。

三、营造社会氛围，构筑宣传发动体系

一是现代网络、传统媒体共同发力。实施“互联网＋吕梁山护工”工程，利用吕梁山护工网站、微信公众号、手机App软件做新媒体宣传，中央、省级媒体多次专题报道。二是巡演宣讲、广场欢送双管齐下。充分利用春节期间群众返乡时节和年初各类招聘会，组织优秀护工现身说法进行传帮带；培训结束后举办欢送会，市委书记、市长欢送护工成为常态。三是专题宣传、音乐唱响激发活力。制作《走出大山天地宽》《诚信勤劳专业——吕梁山护工》专题片，介绍吕梁山护工培训就业情况以及优秀护工事迹，扩大宣传。

四、提升就业本领，完善技能培训体系

一是选定培训机构。在充分调研基础上，采取公开招标、竞

争性磋商等方式，选定 6 所公办院校和 5 所民办学校为吕梁山护工培训基地，采取分类型、订单式培训方式，对学员进行侧重化、专业化、封闭式培训。二是强化培训实效。实行培训教师备案考核制，编印通俗易懂、图文并茂、简单实用的培训教材。三是制定奖惩制度。培训、实训的资金与就业挂钩，对就业不达比例的培训机构核减其培训资金，对就业工作完成较好的培训机构则进行适当奖励。

五、拓宽就业渠道，构建服务保障体系

一是考察推介。与国家卫生健康委员会、省人力资源和社会保障厅联合，分别在北京、太原举办推介会，扩大知名度和影响力，拓宽就业渠道和市场。二是搭建就业平台。每次培训，均邀请各地家政企业适时介入，进行授课、宣讲、招聘，提升受训人员就业率。三是跟踪服务维护权益。在北京、青岛等地建立服务部、服务站，同时设立工会、团委、妇联组织及法律援助中心，安排专门力量开展跟踪服务，切实维护护工权益。

福建省福州市：马上就办　真抓实干 打造福州·定西东西部扶贫劳务协作精准聚焦模式

福建省福州市人力资源社会保障部门认真贯彻福州市委关于“就业一人，脱贫一户”和“让定西务工人员来得了、留得住、干

得好、带得动”的指示精神，与定西市人力资源社会保障部门紧密协作，围绕精准对接、稳定就业目标，多措并举，推进扶贫劳务协作取得实效。

一、启动攻坚计划，构建全方位政策支持体系

福州、定西两地政府签订《东西部扶贫协作框架协议》，确定共同实施劳务输转技能培训暨大中专生就业协作“十百千万”计划；出台涉及组织输转定西贫困劳动力到福州就业的两地操作规程，务工人员交通补贴、生活补贴、稳定就业补贴，组织输转奖励，定西市各县区在福州建立劳务工作站补贴，吸纳定西贫困劳动力企业奖励和基地建设补贴，定西在福州优秀务工人员评选表彰，输转工作统计通报和考核 7 个方面政策文件。

二、阻断迭代贫困，定向定岗招收贫困家庭高校毕业生

按照“定向、定岗、定制”精准就业扶持原则，在编制紧张、岗位有限的情况下，拿出事业单位、市属国有企业岗位，面向定西建档贫困家庭高校毕业生进行招聘，并根据实际情况适当降低学历、放宽专业限制，共聘用建档贫困家庭高校毕业生 94 名。福州市这一做法得到了国务院扶贫办领导的肯定，被誉为“开了全国先河，是拔穷根、挪穷窝、治穷病的一个重大创新举措”。

三、激发内生动力，开发千岗对接贫困劳动力转移就业

针对定西市建档立卡贫困户年龄偏大、缺乏技能、工作效率较低、工资待遇不高、就业不稳定等问题，福州市借鉴公益性岗位开发扶贫经验，探索以劳务补助方式实施“企业千岗定向定西精准脱贫计划”，每年在福州扶贫就业基地的企业中新开发 2 000 个优质岗位，定向招聘定西建档立卡贫困劳动力。除企业工资外，前 6 个月每人每月补贴 600 元，以此提高贫困劳动力的务工收入，促进稳定就业。福州市已认定 73 家企业为“企业千岗定向定西精准脱贫计划”就业基地，组织引导定西籍务工人员 2 432 人（其中建档立卡贫困户 1 360 人）到福州稳定就业。

四、用心用情用力，全过程做好扶贫劳务协作对接和服务

支持定西市有对接帮扶任务的县（市）区在福州市建立劳务工作站，给予每个劳务工作站一次性建站补助 3 万元、每年工作经费 3 万元，提供办公和临时住房保障。定西市、县区共选派 8 名工作人员常年驻福州市相关县（市）区劳务工作站工作，主要承担考察福州市输转基地企业，组织劳务输转对接，协助福州市人社部门为务工人员提供就业安置、帮扶政策落实、实名制管理、权益保障、生活关心等“娘家人”服务。

湖南省长沙市：点面联动　聚势发力
推动劳务协作脱贫攻坚取得实效

2017 年底，“湖南省贫困劳动力劳务协作市场”（以下简称市场）在长沙市正式挂牌成立。该市场作为在全国范围内具有创新性的省级贫困劳动力劳务协作市场，依托省会长沙的优质资源，建设覆盖全省大部分贫困县的招聘网络，致力于建设成全省贫困劳动力转移就业的“招聘示范市场、信息发布中心”。市场运行以来，各方积极主动参与，各项制度逐步健全，各项活动顺利开展，工作成效逐步显现。

一、聚合资源、横向协作，首创省级劳务协作脱贫招聘平台

长沙市人社局积极配合湖南省人社厅，依托长沙市人力资源市场建成省级劳务协作市场。长沙市人力资源市场品牌成熟、设施完备、服务能力较强，为劳务协作市场创立、运行奠定了良好的基础。省政府驻北京、上海、广州、深圳以及海南办事处收集企业岗位、开展政策宣传，为贫困劳动力转移就业保驾护航，半年多的时间，五大办事处共收集北、上、广、深、琼岗位 2 万多个，为市场招聘及跟踪服务提供了有力支持。全省各地市，特别是 51 个深度贫困县（区）组织贫困劳动力深度参与，其中，祁东、安化、通道、洞口等县（区）多次组织贫困劳动力参加劳务

协作现场招聘活动。

二、齐抓共促、纵向延伸，推进劳务协作市场服务效应延伸

湖南省人社厅等部门以文件的形式，明确了省、市、县（区）人社部门，各办事处以及各扶贫基地在劳务协作脱贫攻坚中的工作责任，如深度贫困县（区）每年必须参加6次以上市场“招聘日”活动等，从制度上保证了市场的供需两旺。信息来源丰富、市场管理有序、服务方式多样，确保了全省各地贫困劳动力即使不出家门求职，也有机会实现异地就业。市场利用“春风行动”等主题活动，组织企业通过“小精灵”“大篷车”等多种形式直接将岗位送到贫困县（区）的乡镇、村，将市场的服务延伸到贫困劳动力家门口。

三、整章建制、多措并举，确保劳务协作市场工作卓有成效

一是完善专项服务。市场设立了贫困劳动力求职专区、贫困劳动力休息区、贫困劳动力服务窗口、职业指导室、职业素质测评室等，并安排专人对接服务贫困劳动力，每周一、三、五上午的现场招聘例会都增加贫困劳动力招聘服务内容，安排专人为贫困劳动力现场对接提供专项服务。

二是延伸个性化服务。个性化服务主要围绕两个方面开展。一方面，针对重点贫困县（区）的专门服务，在做好“招聘日”

活动的基础上，市场根据龙山、通道、洞口、新化等县的需求，在日常服务的基础上，深化信息传送、贫困劳动力接收、合作交流等其他劳务对接工作；另一方面，针对重点企业的跨地区招聘服务，对蓝思科技、比亚迪汽车等劳动力需求量大的企业，市场主动牵线搭桥，组织双方具体对接，推进企业深入乡镇、村开展小型专项招聘活动。

三是优化网上服务。为推进劳务对接活动“线上线下”同步深入，长沙市人社局大力优化贫困劳动力的网上服务，开发了“长沙就业”微信平台，服务内容包括政策咨询、岗位查询、预约面试等；开通长沙人力资源劳务协作网页，为企业和贫困劳动力搭建绿色供求职通道；建立劳务协作市场 QQ 群、微信群，便于省、市、县各级部门交流，发布文件、工作简报、招聘等相关工作信息。

广东省东莞市：突出“三个聚焦”实施精准帮扶

广东省东莞市与云南省昭通市自开展东西部扶贫协作以来，两地以提升劳务输出组织化程度为依托，以稳岗长效脱贫为目的，突出“三个聚焦”，实施精准帮扶，探索出劳务协作扶贫新路子。

一、聚焦精准对接，实现体制机制协同

昭通市劳动力资源丰富，而东莞市制造业比较发达、企业数

量众多，近年来缺工问题较为突出。两地结对之后，东莞市认真分析了双方优势，在劳务协作上下足了“绣花功夫”，建立了一套“政府主导、市场运作、精准组织、稳岗长效”的精准对接机制。东莞镇街（园区）与昭通县区一级构建了“1对多”的县镇对接帮扶机制，将东莞所有镇街（园区）动员起来，帮扶东莞对口的昭通6个贫困县区，每个县区至少有4个镇街（园区）帮其开展劳务输出，最多的一个县有7个镇帮扶。搭建起了昭通劳动力与东莞用工企业之间的稳固桥梁，在促进贫困劳动力来粤就业的同时也缓解了东莞企业缺工问题。

二、聚焦精准推进，调动市场力量发挥协同

昭通市做好群众与岗位的配对、向东莞输入劳动力等工作，东莞做好组织企业接收、岗位临时调整等工作。两地在发挥政府主导作用的同时，充分发动市场特别是劳务中介的参与作用，由政府购买其服务或对其给予一定的政策优惠、资金支持等。例如，东莞市动员了市劳务派遣行业协会的4家会员单位共同投资1 000万元，在昭通市设立了昭通莞企人才服务有限公司，与昭通市人社部门签署了合作协议，在昭通11个县区成立办事机构，既协助当地政府也自主下乡开展招聘。结对县区和镇街之间，也依托市场、县属或镇属的中介机构，具体落实相关工作。

三、聚焦精准落地，实现稳岗服务协同

群众进厂不能稳定在岗位上，等于前面所有工作白做。要避

免这种情况发生就需要政府提供良好的贴身服务，为群众解决环境变化带来的心理、饮食等工作生活方面的问题。为此，东莞大力推动和协助当地县区一级政府在东莞设立派出机构。目前昭通有关县区在东莞成立了 9 个劳务工作站，共同帮助外出务工人员在东莞稳定就业。其中，威信县与东莞大岭山镇创造了“四不愁、三保障、两放宽、两补助”的服务模式，即向群众公开承诺路费不愁、吃饭不愁、住宿不愁、工作不愁，工资有保障、权益有保障、服务有保障，务工半年以上的给予其 500 元交通补助、1 000 元稳岗补贴。东莞大岭山镇还对威信县举家赴大岭山务工的建档立卡贫困户随同子女的就学给予每人每年 5 000 元补贴、学校减免 500 元的优惠，帮助其解除后顾之忧。

第四章　公益性岗位

第一节　省级经验做法

山东省：推广“互助扶贫公益性岗位”探索“就业脱贫 + 互助脱困”新路径

随着就业扶贫工作的推进，贫困人口中能转移就业的大部分人员已实现了转移，剩余的大龄妇女因缺乏技能、照顾家庭等原因，难以离家实现转移就业，“老弱病残”等重度贫困人员又处于无人照料、生活穷困等困境。针对这一现实难题，山东省人力资源社会保障部门创新提出了“互助扶贫公益岗位”就业脱贫新方式，制定发布了《关于大力推行互助扶贫公益岗位的通知》，在全省范围内推广公益岗位互助扶贫模式。

山东省充分利用现行城镇公益性岗位托底安置就业困难人员的办法，开发设置四类互助扶贫公益岗位：一是互助养老岗位，结对帮扶“老困孤”贫困人员，从衣食住行等方面为他们送服务、送关爱；二是互助托幼岗位，接送和看护贫困家庭留守儿童；三是互助照料病患岗位，照料贫困病患人员，帮助买药送诊；四是互助助残岗位，协助服务残疾贫困人口，托底安置难以转移就业的重度贫困人员，参照当地最低小时工资标准支付岗位补贴，实现了“服贫”与“扶贫”的双赢。

作为全国首创的解决重度贫困人口脱贫的扶贫形式，“互助扶贫公益岗位”的核心是实现了“就业脱贫与互助脱困”的有机结合：彰显了共享发展的理念，深度开发贫困人口的劳动力资源和爱心资源，让更多贫困人口共享就业脱贫成效；彰显了劳动脱贫的理念，劳动光荣，劳动致富，让贫困人口用自己勤劳的双手实现脱贫；彰显了互助脱贫的理念，我为人人，人人为我，弘扬了互帮互助的中华传统美德；彰显了托底安置的理念，强化政府促进贫困人口就业的托底责任，让有劳动能力和就业意愿的贫困人口都有业就，做到在脱贫路上不落一人。

这项政策实施以来，山东省已开发“互助扶贫公益岗位”7 428 个，发放岗位补贴 326.6 万元，互助脱困贫困人口 2 万人，多家媒体对此予以关注和报道。新华社记者对德州乐陵市互助扶贫公益岗位护工进行采访，专题报道“山东面向农村推行公益岗位互助扶贫模式”，中国政府网、人民网、中国青年网、山东卫视、齐鲁网等主流媒体网站纷纷转载，《半月谈》杂志刊发文章《可否以“服贫”来“扶贫”？可！》。

陕西省：创新政策模式　强化公岗扶贫

陕西省坚持将就业扶贫作为政治任务、底线任务，创新政策措施，精心组织实施，建立“公益性岗位 +‘三无’人员”的就业扶贫模式，形成人社、扶贫部门牵头，全省各级各类机关事业单位共同参与，合力开发公益性岗位安置贫困劳动力就业的新格局。

一、深入调查研究，聚焦解决最困难群体就业问题

贫困劳动力未就业的原因主要有三个：一是受家人生病、照顾老人和小孩等影响无法离乡就业；二是由于年龄偏大、文化程度低、劳动能力差等原因无法找到工作；三是受自然条件较差、产业发展乏力等因素制约，没有可赖以脱贫的产业依托。从基层实际看，上述三类人员是最难就业的扶贫对象，也是尚未就业的贫困劳动力中的主体，占全省未就业贫困劳动力的比重超过60%。陕西省将就业扶贫的主要对象锁定在这些无法离乡、无业可扶、无力脱贫的“三无”劳动力上，充分发挥公益性岗位作用，优先安置其就业，全面加大帮扶力度。

二、创新公益性岗位政策，就地就近扶持就业

陕西省先后出台了《就业扶贫公益专岗管理暂行办法》等三个政策文件，建立“公益性岗位 +‘三无’人员”就业创业扶贫模式，在全省范围内统筹开发公益性岗位，以“小岗位”带动贫困劳动力“大就业”。

一是开发利用公益专岗。将全省各级机关、事业单位和财政拨款的社会组织编制外新增或退出的服务性、辅助性就业岗位，如生态护林、环卫保洁、道路养护、工勤服务等技术含量

低、技能要求不高的岗位，界定为就业扶贫公益专岗，安置贫困劳动力就业。二是特设就业扶贫公益性岗位。由乡镇和行政村根据实际，在每个贫困村开发2～3个适合“三无”劳动力的劳动保障信息员、农村保洁员、治安员等岗位，经县级人社部门批准后安置人员就业，按每人每月300～600元的标准给予岗位补贴。三是适当放宽城镇公益性岗位入口。允许贫困县腾退出的现有城镇公益性岗位在总量不增的前提下，吸纳“三无”贫困劳动力就业，拓宽贫困劳动力就业渠道，控制公益性岗位补贴支出。

三、精心组织实施，充分发挥政策效应

坚持“政府推动、计划管理”原则，由各级人社、扶贫部门牵头组织，按照部门提出岗位开发初步计划、同级人社部门初审、省脱贫攻坚领导小组审定下达任务、市县人社部门组织招聘、用人单位安排上岗的程序实施。各级各类机关按照要求积极挖掘开发岗位，人社部门精心组织招聘和对接，举办公益专岗现场招聘会268场次，公益专岗政策得到全面深入落实。陕西省已通过公益性岗位安置贫困劳动力81 709人。公益专岗政策的落实，既扶持了相关人员就地就近上岗就业，增加家庭收入，实现了扶贫与扶志、扶智融合，又凝聚和调动了各级各类机关、事业单位参与扶贫攻坚的力量和热情，推动建立了大扶贫格局，成为陕西省就业扶贫的一大特色和亮点。

甘肃省：开发乡村公益性岗位助力脱贫攻坚工作

甘肃省由人力资源社会保障部门牵头负责，财政、扶贫部门配合，重点在深度贫困村开发一定数量的乡村公益性岗位，安置农村贫困家庭人员就业，通过就业扶贫提高贫困家庭收入水平，助力脱贫攻坚工作。

一、高度重视，认真谋划

2018年，甘肃省人力资源和社会保障厅把就业扶贫工作作为首要任务、头等大事，将乡村公益性岗位开发作为重要举措，年初向省政府上报了《2018年开发乡村振兴公益性岗位实施方案》，随后迅速向相关的10个市州下发《关于做好深度贫困地区开发乡村振兴公益性岗位调查摸底工作的紧急通知》，组织各地按照实施范围、岗位设置、人选条件等进行深入摸底，填报摸底统计表，掌握全省岗位需求总量和重点需求岗位，以及符合条件的人选数量、年龄结构，为制定务实可行的实施方案和实施细则奠定了坚实基础。同时，对拟定的实施细则多次征求所涉及市州和县区的建议，确保政策符合基层需求和群众意愿。

二、通盘考虑，科学设岗

在充分调查摸底的基础上，考虑就业补助资金的平衡性和承受力，最终确定在全省 3 720 个深度贫困村和“两州一县”其他 1 480 个村开发 3 万个乡村公益性岗位。其中，省级财政安排就业补助资金 9 000 万元，开发 1.5 万个岗位；相关市州、县区自筹资金配套开发 1.5 万个岗位。每个深度贫困村原则上开发 6 个岗位，其他村开发 4~6 个岗位。总体上遵循因事设岗、以岗定人、因岗定责、总量控制的原则，主要设置乡村道路维护、保洁、绿化、水电保障、农村养老服务、村级就业社保协管、公共安全管理、公益设施管理等类别的岗位，并明确了每个岗位的具体职责。

三、严格标准，公开选人

经过深入研究，确定以建档立卡零就业家庭中有就业愿望和劳动能力的贫困劳动力为帮扶对象，岗位补贴每人每月 500 元。在人员选聘方面制定严格的程序，要求必须经过公告、申报、审核、考察、评定、公示、聘用、岗前培训 8 个环节，特别强调乡镇政府对拟聘人员名单要在行政村醒目位置进行张榜公示，征求村民意见，公布举报电话，公示期不少于 7 天。通过层层把关、层层监督，确保选人用人公开公平，确保把真正符合条件的贫困人员选出来并通过实现就业早日脱贫。

四、加强指导，加快推进

甘肃省人社厅会同财政厅、扶贫办正式印发了《2018 年开发乡村公益性岗位实施细则》。为确保基层了解透、执行好政策，人社部门一方面主动做好政策宣传解读，及时、认真解答各地疑问，让工作人员心中有数、有序推进；另一方面，加快安排部署，督促各市州人力资源社会保障部门迅速向当地政府汇报，与扶贫、财政等有关部门对接，以最快的速度出台当地实施办法，指导所辖县区组织实施。同时，督促各地加快推进人员选聘的公告、考察、公示、审核等各环节工作，力争按进度要求完成任务；及时建立数据统计制度，坚持每半月调度一次，全面掌握涉及 10 个市州 58 个县区的工作进展和任务落实情况。

宁夏回族自治区：开发公益性岗位精准助推就业扶贫

为进一步推进全区脱贫攻坚工作，实施精准就业扶贫，宁夏回族自治区人力资源和社会保障厅根据宁夏回族自治区党委政府的部署安排会同自治区财政厅、扶贫办制定出台了为农村建档立卡贫困户购买公益性岗位的政策。通过购买公益性岗位托底安置就业，助力农村贫困劳动力增收脱贫。

一、明确岗位类型和援助对象

宁夏回族自治区通过调查确定，公益性岗位类型主要为乡镇党政群机关事业单位及其所属机构的后勤服务、乡村居民公共配送服务以及乡村人力资源社会保障协理员、乡村护林员、道路清洁维护员、乡村老年饭桌服务员、乡村学校后勤保障员、乡村电商综合服务员等。援助对象包括在劳动年龄内且年满 40 周岁以上、有就业能力和就业愿望的所有建档立卡贫困劳动力。

二、明确待遇标准和政策期限

工资待遇标准以所在地市上一年度农村常住居民人均可支配收入为基数按月发放。同心县、盐池县、红寺堡区828元/月，原州区、西吉县、隆德县、彭阳县、泾源县643元/月，海原县719元/月。社会保险按照城乡居民养老保险二档和城乡居民基本医疗保险二档缴费额予以足额补助（已享受特困人员缴费补助的，不再重复享受）。同时，为其购买50万元商业意外伤害保险，岗位期限为3年。

三、明确管理制度和资金来源

按照“谁用人，谁管理”的原则，实行实名实岗管理。由乡镇与公益性岗位提供单位签订政府购买协议，明确权利义务关系，用人单位承担公益性岗位的日常管理和考勤，并依据协议有关条款有权依法解除协议。人力资源社会保障部门负责总体监督管理，核发岗位补贴和办理各项保险等事宜，相关资金由就业补助资金列支。

2018年，宁夏回族自治区人力资源和社会保障厅根据2017年农村建档立卡贫困劳动力公益性岗位安置工作的实施情况，对政策进行了调整完善并予以发布实施。农村建档立卡公益性岗位安置政策的实施，有效地帮助建档立卡贫困家庭实现就业脱贫增收，解决了贫困地区老人吃饭、乡村学校后勤治安管理、乡村道路环境卫生、林草渠道治理保护等问题，对强化基层社会服务管理，改善村容村貌起到了积极的促进作用。

第二节 市县典型案例

福建省平和县：开发公益性岗位助力就业扶贫

为推进精准就业扶贫，助力生态环境整治，福建省漳州市平和县大力开发卫生、保洁、保绿等公益性岗位。

一、精准施策

平和县人力资源和社会保障局高度重视精准就业扶贫工作，深入分析县内农村贫困劳动力状况，结合实际，认真探讨制定精准就业扶贫工作实施方案，相继出台《平和县人力资源和社会保障局关于公益性岗位开发管理实施方案》《平和县人力资源和社会保障局 平和县财政局关于公益性岗位工资补贴等相关事项的通知》，确定将在全县开发村级卫生保洁员、保绿员等公益性岗位作为精准就业扶贫切入点，推动就地就近安置精准扶贫对象的就业兜底帮扶。

二、精准选聘

公益性岗位人员选聘对象均为在法定年龄内具有一定劳动能力、并有就业意愿的建档立卡精准扶贫对象。通过村一级评选推荐，乡镇核定并进行公示，再报县人社局、财政局审核公示后正式予以聘任上岗，整个过程公平、公开、透明，确保选聘对象符合政策要求。

三、精准定岗

为助推精准就业扶贫，助力生态环境整治，平和县结合“闲适平和、生态平和、宜居平和”的建设目标，在全县各村设置了卫生保洁员、保绿员公益性岗位，并按照“因事设岗、按需定员”的原则，根据村落大小和需求不同设置岗位数量及保洁内容，具体包括：道路、厕所、公共办事服务场所的卫生保洁，河道清理，以及公园、美丽乡村的保洁保绿等工作。通过精准定岗，既落实了农村贫困劳动力就地就近就业工作，也实现了兜底就业帮扶目标。

四、精准管理

村级卫生保洁员、保绿员实行“三级管理”制度，即“村级使用—乡镇管理—县级（人社、财政、审计、监察）监督”。为加强监管，县人社局一方面制定完善了补贴发放和人员解聘、换聘的程序及考核制度等相关管理规定；另一方面，积极开展季度性定期检查、督查工作，对检查中发现的问题，责成限期整改，对整改未达要求的，暂停或改聘公益性岗位人员。

江西省万安县：重开发　强管理“四步法”推动公益性岗位安置就业

江西省万安县把开发公益性岗位作为优先扶持和重点援助就业困难人员的重要举措，使一大批建档立卡贫困家庭劳动力和就业困难人员实现就业，有效缓解了该县的就业压力，促进了社会和谐稳定。

一、精准开发岗位

以县、乡镇劳动保障平台为依托，深入了解贫困劳动力就业、家庭信息、求职愿望、个人技能等情况，因地制宜开发一批公益性岗位，如水利部门开发的河道巡察员，林业部门开发的生态护林员，残联开发的农家书屋管理员等，切实打造形成了“输血变造血、专岗扶老乡”的家门口就业脱贫模式。

二、明确工作措施

根据《万安县精准扶贫公益性岗位管理实施细则》进一步细化分工。一方面，对照岗位安排，明确乡镇、村等主体责任，坚持“谁主体，谁管理”原则，统一掌握公益性岗位人员基本情况，充分发挥其社会效益；另一方面，由就业部门负责业务指导和资金补贴，安排专人深入基层开展业务交流，探讨解决办法，确保工作有序推进。

三、严格规范管理

万安县通过面向社会自愿报名的方式，择优录用有就业愿望又无法在园区、城区就业的建档立卡贫困劳动力。潞田镇潞田村44岁的贫困户衷敬秋，2017年被聘为农村保洁员，上岗后他不仅能兼顾照顾生病卧床的妻子，每月还有300元收入，有效减轻了他的家庭生活负担。

四、加强监管举措

一是按照“准确、完整、规范”的要求，对在岗人员进行实名制登记，建立完善的统计报表和台账制度。二是加大监管力度，定期督查上岗情况，发现设空岗、挂空名、他人替岗、人岗分离，特别是“只领钱、不上岗”的，坚决予以清退。三是完善动态检查通报制度，发现工作不到位的情况，及时反馈，督促整改，情节严重的予以通报批评，并追究责任。

五、严把资金关

坚持专款专用的原则，发挥专项经费的最大效益。截至目前，累计开发公益性岗位1 980个，拨付补贴资金1 606万元，按月足额发放到贫困劳动力“一卡通”账户，让贫困群众真真切切享受政策实惠。

山东省德州市：创新"公岗扶贫 + 公益互助"新模式

山东省德州市创新思路方法，结合传统的公益性岗位托底安置做法，打造"公岗扶贫 + 公益互助"新模式，既促进公益性岗位（以下简称"公岗"）贫困人员稳定脱贫，又有效提升帮扶对象的生活品质，实现了贫困人员本人、被帮助特困人员和乡村治理"三满意"，走出了一条互帮互助、共建共享的精准扶贫新路子。

一、坚持问题导向，探索"公岗扶贫 + 公益互助"新模式

选取部分有一定劳动能力的贫困人员作为公岗安置对象，全力帮助他们实现就地就业，并以周边的孤老病残幼贫困家庭为服务对象，以生活照料、代买代办、助残服务、精神慰藉、安全守护等为服务内容，让"能干活"的人帮扶"有需要"的人，为特困群体提供深度、就近、人性化的帮扶服务，做到了"穷帮穷""穷帮病""穷帮弱"，发挥出以点带面、以少帮多的倍增效应，实现了扶贫效果的最大化。德州市在岗贫困人员已有800 余人，共帮扶贫困家庭 2 100 多户，惠及贫困人口 4 600 多人。

二、坚持“五个明确”，构建规范化运行机制

一是明确安置对象范围。侧重大龄且有部分劳动能力和有就业愿望的贫困人员，该群体适宜在家门口就业并服务其他贫困人员，建立起公岗供给和公岗需求两套台账，让供求更加精准。二是明确录用程序。坚持“因需设岗、以岗定员、总量控制、属地管理”原则，创新推行“互选”公岗模式，由被帮扶贫困户与上岗人员双向选择、民主投票，努力把好事办好。三是明确岗位职责。明确界定服务对象、服务内容、工作时间、工作标准等内容，严防职责不清，确保服务落地。四是明确考核管理。按照“村上用人，镇乡管人，人社和乡镇联合监督”的原则，采取乡镇考勤、抽查监管和群众回访等多种形式进行监管考核，确保“有岗、有人、有事”。五是明确资金来源。严格按照规定对相关资金进行分配下拨，并对开发岗位较多的县（市、区）予以适当倾斜，为长期开展工作提供稳定的资金支持。

三、坚持共建共享，不断发挥公益互助综合效应

一是安置人员满意。扶贫公岗采用小时制的补贴形式，安置人员年补贴收入在 4 000 元左右，超出省定脱贫线。对于公岗安置对象来说，既通过岗位实现了脱贫，又通过劳动获得了报酬，实现了个人价值，得到了自我认同，也赢得了服务对象和社会的尊重。二是服务对象认可。服务对象得到了生活上的照料、精神上的慰藉，生活质量有效提升。三是彰显了劳动脱贫的理念。贫

困人口通过自己勤劳的双手实现脱贫，有效避免对单纯救济式扶贫救助的福利依赖，转变了“靠着墙根晒太阳，等着政府送小康”的消极心态，也增进了邻里关系，互帮互助、孝亲敬老、扶贫济困的和谐社会风气越来越浓。

陕西省汉中市：公益小岗位　撬动大扶贫

陕西省汉中市紧密结合贫困劳动力自身特点和农村公益事业需要，大力开发适合贫困劳动力就业的公益性岗位，探索出了一条让贫困户快速稳定脱贫的新路子。

一、瞄准“三无”难题对症下药

就业扶贫工作开展之初，汉中市在开展技能培训、组织劳务输出等方面没有少下功夫，但是很多贫困劳动力就不了业，有的参加培训后却没有工作岗位，有的即使把招工信息送上门，仍不愿外出打工。究其原因，主要是很多贫困劳动力家庭都面临类似的“三无”问题，即无法外出、无业可就、无力脱贫。通过积极探索，汉中市发现在贫困户家门口设置各类公益性岗位，虽工资不高，但岗位门槛低，工作地点离家近，时间灵活机动，能够让贫困户家庭工作两兼顾，很受欢迎。因此，将开发公益性岗位作为破解“三无”问题的最有效途径，全力予以推进。

二、政府主导分层分级开发

岗位数量是限制公益性岗位安置的最大瓶颈。汉中市坚持政府主导、人社统筹、财政兜底的原则，立足农村公益事业发展和用人单位工作需求，分三个层次开发岗位：一是部门单位腾空岗。建立岗位到期腾退机制，挖掘市、县、镇三级机关事业单位聘用到期的汽车驾驶、打字复印等岗位 694 个，招聘有一定文化和技术的贫困户，人均年收入在 2 万元以上。二是公益服务建专岗。由人社部门统筹各行业就业资源，开发环卫保洁、生态护林、道路（河道）养护等技能要求不高的扶贫专岗 8 384 个，人均年收入 8 000 元以上。三是镇上村头设特岗。人社部门主导，按照就近就地、上岗灵活原则，在贫困户家门口开发“小时工”等扶贫特岗 4 246 人，人均年收入不低于 6 000 元。突出建管并重，制定公益专（特）岗安置就业实施方案和开发管理暂行办法，坚持“五统一”原则，由镇村统一组织报名，扶贫部门统一审核资格，人社部门统一审查公示并组织体检培训，统一购买保险，同时，严格管理考核，统一制作岗位公示牌和工作服，做到职责和身份“两公示”。

三、助力脱贫释放综合效益

短短一年时间，汉中市公益性岗位数量增加至 1.33 万个，拉动每人年均增收 8 000 元，1.28 万个贫困家庭实现了“一人就业、全家脱贫”，占贫困户总数的 10.2%，使贫困程度最深、脱贫难度最大的群体找到了最快捷最直接的脱贫途径，消除了农村“零就业”家庭，也极大促进了农村公益事业的发展。汉中市勉县还按照大村 7 人、小村 4 人、社区 10 人的标准设立保洁员岗位，按森林面积每 2 000 亩 1 人的标准确定护林员岗位，按照养护里程每 5 公里 1 人的标准开发了县镇村道路养护员岗位。天荡山社区党支部书记李文清说：“自从有了公益专岗，改变了以往村上垃圾乱堆乱放、河道污水横流、道路年久失修的现状。村民们都说，道路更平整了，河道更洁净了，山林更安全了。对我们村干部来说，村上的管理也变得更容易了！”

宁夏回族自治区彭阳县：开发公益性岗位助力精准脱贫

为做好精准扶贫工作，坚决打赢脱贫攻坚战，宁夏回族自治区彭阳县制定了《购买非全日制公益性岗位安置兜底脱贫建档立卡贫困户就业工作实施方案》，大量开发公益性岗位，兜底安置县域内约 1/6 的建档立卡贫困家庭，实现了“就业一人，脱贫一户”。

一、因需设岗，激活“能动性”

按照“摸清底数、区分类型、找准问题、分类施策”的思路，以建立扶贫对象台账为基础，实施积极的就业政策，对除通过扶持发展产业和低保兜底方式脱贫外的建档立卡贫困户，通过设置乡镇、村（居委会）街道和居民点保洁员、生态护林员、乡村道路养护工、中小学幼儿园保安、“老饭桌”服务员、社区网格员、民间河长、水库巡查员、社会保险就业信息员、地质灾害险点检测员等10种非全日制季节性岗位进行就地就近安置，避免为脱贫而设岗和因人设岗，既解决了乡镇及有关机构部门人员紧缺问题，又促进了贫困户“等靠要”思想的转变，有效激活了脱贫能动性。

二、竞争上岗，杜绝“养懒汉”

非全日制岗位实行合同管理，实施年限为 1 年。根据岗位实际情况确定工资标准，并为安置就业人员购买50万元意外伤害险。按照“谁用人，谁管理”原则，实行一月一考核、一季一通报，对不使用建档立卡户人员就业，虚报冒领、骗取岗位工资的个人和单位，除收回岗位指标、追回补贴资金外，依照有关规定，追究当事人及所在单位主要负责人的责任，杜绝贫困户不劳而获、扶贫资金“养懒汉”现象。

三、挖潜增岗，破解“老大难”

聚焦当前农村中存在的诸如冬春季防火，夏秋季禁牧，村庄、集市、景区环境卫生保洁，乡村道路管护，违法乱建监督，地质灾害防治，妇女、老人、儿童“三留守”人员看护，矛盾纠纷调解等一系列“老大难”问题，有效整合林业、交通、民政、环保、国土等公益性项目资金和财政项目结余资金，统筹村公用经费和乡镇补贴及市县帮扶资金等，多渠道进水，一个龙头出水，形成合力，确保有就业愿望和劳动力的贫困家庭至少有一人通过就业稳定脱贫。

第五章　职业培训

第一节　省级经验做法

辽宁省：发挥技工院校优势 助力培训就业扶贫

辽宁省聚焦提高贫困劳动力技能水平和就业能力，从落实培训扶持政策、发挥技工院校优势、拓展技能培训形式三方面精准发力，推进全省实现培训就业扶贫。

一、落实培训扶持政策，注重培训促进就业

一是与省财政厅共同修订《辽宁省职业培训补贴资金管理办法》并出台实施细则，面向建档立卡贫困劳动力开展免费培训、直补培训机构。二是指导各市落实政策，结合建档立卡贫困劳动力的培训需求和就业意愿，有针对性地开展劳动预备制培训、就业技能培训、岗位技能提升培训，依托订单培训、定岗培训、定向培训等培训模式，确保培训质量和就业效果。三是发挥技工院校门槛低、免学费、学技能，毕业后好就业等优势，引导并扶持贫困青少年就读技工院校，阻断贫困现象代际传递。对子

女接受技工教育的农村建档立卡贫困家庭每家每年给予 3 000 元补助。

二、优化培训机构资源，发挥技工教育扶贫优势

一是鼓励技工院校主动承担责任，招收有就读意愿的建档立卡贫困家庭子女，并将其培养成为产业转型升级过程中企业发展所需的技能人才。二是技工院校成立技能扶贫工作领导小组，与贫困地区对接，细化工作措施，建立工作台账，开展精准帮扶。三是为贫困家庭学生开辟招生绿色通道，优先招生，优先选择专业，优先安排在校企合作的订单定向培养班或企业冠名班就读，优先落实免学费、助学金、奖学金等助学政策，优先安排实习，优先推荐就业。四是鼓励企业和技工院校承担新型学徒制试点任务，优先支持来自贫困家庭的职工接受企业新型学徒制培训；鼓励有创业意愿且有合适创业项目的学员参加创业培训；积极开展劳动预备制培训，消除“两后生”无技能从业现象。

三、拓展技能培训形式，搭建网络培训平台

一是开展“送技下乡”培训。针对农村富余劳动力离土不离乡的特点，启动“大篷车”送技能下乡活动，开动技能培训车走进乡镇、集市，举办一对一技能培训班。二是实施远程技能培训。利用互联网、电视机、机顶盒“三合一”的农村劳动力转移远程培训信息平台，实施远程技能培训。三是推进技能培训点全覆盖。

在维护管理 840 个已开通的远程培训点基础上，加快乡镇远程技能培训点建设。

吉林省：聚焦技能扶贫　助力脱贫攻坚

技能扶贫工作开展以来，吉林省推行“校企合作 · 订单培养”“产业 + 技能 + 就业”的技能扶贫工作模式，实施精准扶贫，抓好就业援助，助力脱贫攻坚。对全省贫困家庭适龄子女免费开展技工教育，对大龄劳动力免费开展职业技能培训，并为毕业结业人员推荐就业。截至 2018 年 7 月底，吉林省技工院校已经面向 15 个贫困县免费开展技工教育培训 5 000 人。

一、释放技能扶贫政策红利

吉林省各类技工院校为有就读意愿的贫困家庭适龄子女开辟招生绿色通道，放宽入学年龄（不超过 35 周岁），优先落实免学费、助学金、奖学金等助学政策。在此基础上，引导骨干技工院校制定实施减免学杂费、教材费、技能鉴定费，以及通过勤工俭学方式免除伙食费等政策。例如，吉林省工业技师学院为每名学生减免 1 000 元学杂费，并投资 20 万元购置床铺、行李和服装；中铁十三局技师学院为每名建档立卡学生每年免除伙食费、住宿费、书本费、技能鉴定费等 8 项费用共 11 000 元；长岭县对本县参加技工教育的人员每人每年补助 2 000 元，对建档立卡贫困户家庭“两后生”每人每年补助 3 000 元。

二、转变技能扶贫工作模式

吉林省人力资源和社会保障厅积极引导省内技工院校，结合产业结构发展实际情况，对接产业链条，专门为贫困地区学员开设中西面点、幼儿教育、汽车维修、健康护理等 30 多个专业班次；学员毕业时优先安排实习、推荐就业，推动技能扶贫工作由“输血式”向“造血式”转变，努力实现“教育培训一人，脱贫致富一户，影响带动一村”的目标。吉林省工业技师学院根据帮扶学生具体情况，聘请中华技能大奖获得者李凯军、全国“五一劳动奖章”获得者郑秋林等技术专家担任特聘讲师，有针对性地开展一体化教学，帮助学生快速掌握实用技能。2018 年 3 月 6 日，吉林省工业技师学院与海尔集团共同举行“校企合作 · 订单培养”签约仪式，41 名贫困县（市）学生成为海尔集团首批“技能扶贫”订单班学员。

三、搭建技能扶贫工作平台

一是加强协调。召开各市县“技能扶贫对接会”，要求骨干技工院校、相关企业与县市互相配合，发挥劳动保障所（站）作用，在抢抓招生节点的同时，采取调查摸底、宣讲、组织双向选择等方式，做好具体对接工作。二是加强宣传。多渠道宣传国家、省市以及学校层面的技能扶贫政策，提高百姓的政策知晓率，让省内更多贫困家庭受益。三是加强质量管理。做到统一支持政策、统一管理、统一推进，确保 100% 就业、确保 100%

工资保障的“三个统一”和“两个确保”。四是加强跟踪。各地人社部门在把参加技能培训的学员“送出去”的同时，还坚持陪着“走一程”，主动与技工院校做好对接，推动各项技能培训政策的落实。

安徽省：坚持问题导向 创新培训举措 提高贫困劳动力技能水平和就业能力

安徽省坚持问题导向，以贴近贫困劳动力培训需求为出发点，以开展订单定向技能培训为基础，加大技工教育补贴力度，创新培训举措，帮助贫困劳动力提升技能水平，提高就业能力。

一、着力落实“免费＋补贴”优惠政策

针对贫困劳动力培训意愿不强的问题，面向全部贫困劳动力实施免费技能培训，让有培训意愿的贫困劳动力至少掌握一项致富技能。同时，培训期间给予每人每天含伙食、住宿和交通补助在内的 100 元培训补贴，（标准为：伙食补助 30 元 / 人 · 天，住宿补助 50 元 / 人 · 天，交通补助 20 元 / 人 · 天）调动贫困劳动力参加培训的积极性。

二、着力扩充培训工种目录

针对培训工种不适合农村发展需要的问题，深入农村和企业进行调研，了解贫困劳动力的培训需求和产业发展过程中企业用

工标准。在原有培训工种目录基础上，围绕当地农业资源、特色产业等开发培训工种，组织开展有针对性的技能培训，以适应产业发展需要。

三、着力创新技能培训方法

针对传统“课堂＋实践教学”培训方式单一的问题，安徽省坚持实用与实际情况相结合原则，采用“课堂＋实践＋田间地头”的培训方式，大力推行“特色种养业＋脱贫”“农村合作社＋脱贫”等培训模式，提高技能培训针对性和培训后就业效果。

四、着力提高技工教育补贴标准

针对贫困劳动力家庭收入低的问题，在贯彻落实《人力资源和社会保障部　国务院扶贫办关于开展技能脱贫千校行动的通知》（人社部发〔2016〕68号）文件的基础上，针对在安徽省技工院校接受全日制教育的建档立卡贫困户家庭子女，额外给予每生每年3 000元生活、交通补助；将建档立卡贫困家庭子女纳入国家助学金受助范围，给予每生每年2 000元助学补助。

五、着力打造培训就业绿色通道

开展订单定向技能培训，结合企业用工需求，引导技工院校、培训机构开展订单定向技能培训，培训期间给予贫困劳动力生活费补助；培训后依据实现就业人数给予技工院校、培训机构一次性奖励。推进“工学一体”，支持贫困户家庭子女到皖江地区企业或职业院校参加“工学一体”就业就学，通过子女学到一技之长、实现就业帮助家庭脱贫。建档立卡贫困户家庭子女在校学习期间，企业给予生活费补助；在企业实习期间，企业给予不低于最低工资标准的务工补助；就业就学完成后，财政给予一次性补助。

广西壮族自治区：精准实施政策　创新培训模式助力贫困家庭“两后生”实现就业脱贫

广西壮族自治区深入实施技能脱贫千校行动计划，创新开展技工院校结对帮扶贫困家庭“两后生”职业培训，助力这一群体通过培训掌握就业技能、实现稳定就业，阻断贫困代际传递。有力推动了全省“培训一人、就业一人、脱贫一户”目标的实现，为广西壮族自治区脱贫攻坚做出积极贡献。

一、创新政策构架

细化培训政策，明确培训补贴、资金拨付、牵头责任、质量要求、管理与监督问责等问题，探索搭建“两后生”精准职业培训政策构架。组织印发了《技工院校结对帮扶贫困家庭“两后生”职业培训专项计划实施方案》，确定48所技工院校结对帮扶贫困家庭“两后生”开展为期1学年的职业培训，“两后生”毕业后学校推荐就业；培训期间给予每人1.2万元的财政补贴，其中，培训费补贴标准为 6 500 元 / 人 · 学年、生活费补贴标准为 5 500 元 / 人 · 学年。

二、整合培训资金

以“两后生”职业培训专项计划为纽带，整合就业资金和扶贫专项资金，着力解决资金分散、多头培训针对性不强等问题，实现培训资金效益最大化。根据当地出台的文件精神，“两后生”的 6 500 元 / 人 · 学年的培训费补贴从各级财政安排的就业补助资金中列支，5 500 元 / 人 · 学年的生活费补贴由各县从扶贫专项资金中统筹安排。

三、完善“五个精准”

一是目标精准。明确要求“两后生”培训合格率（考取国家职业资格证书或考取专项职业能力证书）、培训后就业率均需达到 90% 以上。二是对象精准。明确规定“两后生”为全区 54 个贫困县建档立卡贫困家庭中 15 ~ 25 周岁、未婚、未继续升学的初、高中毕业生（含退学、辍学等）。三是培训精准。根据“两后生”自身特点和企业岗位需求，量身制定多个教学方案，重点突出技能教学，确保每名“两后生”学到一技之长。四是管理精准。推行“企业班组”管理模式，挑选教学经验丰富、教学能力突出的技术能手、专业带头人和骨干教师担任专业教师。五是就业精准。加强“两后生”就业指导工作，主动对接有用工需求的企业，促进“两后生”就业。

四、坚持目标导向

技工院校与贫困县建档立卡贫困家庭“两后生”开展结对帮扶培训，以培训合格率和培训后就业率为主要考核指标，引导学校加强对人力资源市场的供需研究，提高培训针对性和质量。学员完成 1 学年学习，参加职业技能鉴定并获得国家职业资格证书的，按 100% 给予补贴；学员完成 1 个学期学习，未获得国家职业资格证书的，按 60% 给予补贴；学员未完成 1 个学期学习的，不给予补贴。

海南省：完善政策　紧贴需求　精准发力
扎实抓好贫困劳动力技能培训

海南省以零就业贫困家庭专项工作为抓手，在贫困劳动力技能培训中完善政策，瞄准需求，扎实开展订单定向培训，充分发挥技能培训在就业扶贫中的基础支撑作用。截至 2018 年 7 月中旬，全省通过各种形式培训未脱贫的贫困家庭劳动力 20 544 人，占未脱贫贫困劳动力总数的 39%。

一、强化政策支撑，夯实贫困劳动力技能培训保障基础

研究出台《进一步做好就业扶贫工作的九条措施》，为有劳动能力和培训意愿的贫困家庭劳动力开展针对性、实用性强的

免费技能培训。为鼓励贫困劳动力积极参训，给予其培训期间50元/人·天的伙食、交通补助。贫困劳动力的技能培训伙食、交通补助，由培训机构凭培训合同书和培训花名册等证明材料，报市县人力资源社会保障部门核定后，逐一发放给参训贫困劳动力本人。

二、紧贴社会需求，彰显贫困劳动力技能培训特色

一是着眼海南自贸区（港）建设需求，开展家庭服务培训。儋州市立足于为海南自贸区（港）建设提供高品质现代家政服务，全力打造“儋州月嫂”劳务品牌。在镇、村（居）委会开办育婴员、家务操持等培训班，组织对学员进行理论和实操培训，帮助学员掌握技能，促进有外出务工意愿的学员外出就业。二是着眼美丽乡村建设需求，开展村级公共服务岗位培训。琼中县结合乡村振兴战略，分期分类对农田水利管护员、河道管理员等8类2 162名村级公共服务岗位人员进行培训，着力提高其就业能力和专业技能。三是着眼产业发展需求，开展专项技术技能培训。琼海市结合当地产业发展前景，在会山镇开办贫困户“互联网+就业”创业指导培训班和苗绣培训班，拓宽农贸产品销售渠道，增强贫困人员致富本领，目前已培训100名贫困劳动力。

三、坚持精准发力，提升贫困劳动力技能培训实效

一方面，根据实际需求，创新培训形式。送培训下乡，把培

训项目“送下去”；举办扶贫专班，把贫困劳动力“请上来”；实行异地培训，使通识培训“广铺开”。另一方面，重点抓好订单、定向培训，提高培训后岗位对接成功率。零就业贫困家庭专项工作开展期间，五指山市联合海航自强职业培训学校开展三亚凤凰机场项目订单培训，参加职业道德、专业保洁、企业文化、法律等培训后，60 余名学员成功入职三亚凤凰机场；乐东县携手海汽公司对贫困劳动力开展培训，180 名贫困劳动力经培训考核合格后成为公交车驾驶员。

重庆市：突出“四个导向”大力开展农村贫困劳动力技能培训

重庆市在帮扶农村贫困劳动力就业脱贫过程中，注重坚持“四个导向”，实施“一户一人一技能”扶贫培训专项行动计划，引导 5 万余人次贫困劳动力参加技能培训。

一、坚持问题导向，突出政策支持精准化

针对贫困地区交通不便、培训成本高以及贫困人员文化程度低难以取得职业证书、不愿掏钱培训、培训后就业无保障等问题，重庆市出台了一系列专项帮扶政策。一是明确补贴标准，无论是否取得职业资格证书、工种是否紧缺、最终是否就业，一律按重庆市统一公布的培训成本进行全额补贴；针对职业培训工种目录外的培训，按 100 元 / 人 · 天的标准进行补贴。二是鼓励参加培训，对于

离开所居住乡镇参加培训的农村贫困劳动力，按50元/人·天的标准给予交通、生活费补贴；对于跨区域参加培训并实现就业的，每年按票价全额给予一次城市间往返交通补贴。三是促进稳定就业，对于吸纳农村贫困劳动力稳定就业一年以上并缴纳社会保险的在渝企业，给予6 000元/人的岗位补助；对于经营性人力资源服务机构介绍其稳定就业半年以上并缴纳社会保险的，按500元/人标准购买职业介绍服务。

二、坚持服务导向，突出培训就业一体化

建立“一库、两平台、三联盟”，依托信息化资源，采取“先培训，包就业”的订单式和“先就业，再培训”的定向式两种培训模式，保障贫困劳动力培训后实现就业。“一库”即全市农村贫困劳动力电子信息库。“两平台”即联通金保工程的全市职业培训信息管理平台和“蓝金领”手机App及网络对接服务平台。“三联盟”即包含全市400家优质培训机构的“就业技能培训联盟”、包含3 000家重点企业和人力资源服务机构的“人力资源服务联盟”和以家庭服务业为主导的“家服联盟”。

三、坚持产业导向，突出培训项目市场化

一是紧扣重庆市产业发展战略定位，选取电子产品制造、机械制造等低端劳动密集型产业作为吸纳农村贫困劳动力就业的重点行业；成立重点产业人力资源服务公司，每年组织农村贫困劳动力参加电子产品组装、机械加工等技能培训并输送到相应岗位就业。二

是根据市场需求，发布全市培训工种目录，统一确定每个工种的培训标准和培训成本，选取适合农村贫困劳动力的建筑工、洗染工等32 项工种开展培训。三是支持区县设立符合当地产业需要的 2 ~ 3 个“品牌培训”，制定培训办法、确定培训时间，并统一按照 100 元 / 天的标准予以补助。以产业为导向的培训切合实际需求，激活了培训市场，涌现出巫山“红叶姐”家政服务、彭水“苗家刺绣”、云阳农村电商等 22 个地方特色的“培训 + 就业创业”品牌。

四、坚持便民导向，突出培训方式多样化

按照“就近、集中、优质”原则，分门别类选取培训方式，实施“送技能下乡”及“百企万岗进村社”行动计划。一是针对愿意从事乡村旅游、家庭手工业、家庭服务业、农村电商的人员，组织培训机构到乡镇开展培训。二是针对愿意从事物业管理或到二、三产业就业的人员，由当地就业培训部门组织力量在当地区县开展培训。三是对于参加人数较少的家电维修、焊工等培训，由市级就业服务部门借助“培训联盟”等平台选择全市优质培训机构，通过“分区县报名、片区集中开班、按生源地补贴”的方式，开展跨区域集中示范培训。

四川省：精准覆盖　分类施策
聚力技能培训助脱贫

为推进技能培训促进贫困劳动力脱贫增收，助力打赢深度贫

困地区脱贫攻坚这场“硬仗中的硬仗”，四川省于 2018 年启动实施深度贫困地区贫困劳动力技能培训全覆盖，力争用三年时间，将全省 45 个深度贫困县 21.56 万名未就业贫困劳动力全部纳入培训范围，确保每人至少接受一次免费技能培训，切实做到“不掉一户、不漏一人、应训尽训”。

一、确定目标，高位推进

一是制定方案有序推进。制定出台《深度贫困地区贫困劳动力技能培训全覆盖方案》，明确未来三年深度贫困地区技能培训工作的时间表、路线图、任务书。二是“以会代训”高位推进。在全省就业创业服务工作会和全省人社系统赴深度贫困地区人社局挂职干部培训会上，对阶段目标、推进路径、责任落实提出具体要求，推动工作全面发力、高效推进。三是实时调度强力推进。建立月调度、季通报、年考核的工作机制，完善培训需求、年度培训任务、参训人员“三个清单”，通过 QQ 群交流、难题会诊、“倒计时”安排工作、“发点球”通报和实地检查等措施，督导贫困劳动力技能培训全覆盖工作有序开展。

二、精准发力，夯实基础

一是精准识别摸清底数。建立贫困劳动力信息衔接机制，依托四川省劳动力实名制登记数据库，主动对接扶贫移民部门比对数据；通过进村入户、上门走访、电话联系等方式，动态掌握未就业贫困劳动力人数、年龄结构、文化程度、培训就业意愿等信息，做到“底数清、任务明、需求准、全覆盖”。二是整合资源提高效率。整合人社、农业、商务等部门培训资源，发挥定点培训机构、对口帮扶城市培训机构、“一对一”帮扶培训机构的作用，进行统一规划，形成整体合力，提高培训资源使用效率。三是拓展内容确保质效。根据当地经济产业发展和贫困劳动力脱贫增收实际需求，拓展培训内容，有针对性地组织开展就业技能、农村实用技术、民族特色手工艺、语言和引导性、劳动预备制五大类培训。

三、分类施策，务求实效

一是组织“培训下乡”。通过农民夜校、培训大篷车、田间课堂等“送培训下乡”活动，确保贫困劳动力在家门口就能接受“短平快”的技能培训。二是开办“扶贫专班”。职业院校、培训机构等针对企业用工需求和贫困劳动力意愿开设“扶贫专班”，采取单独编班、小班教学方式开展订单、定向、定岗培训，实行“包吃住、包学会、包就业”。

四、加大支持，强化保障

一是强化政策支撑。出台《进一步做好就业扶贫工作的九条措施》，对有培训意愿的贫困家庭劳动力，每年至少提供一次免费培训，并给予不低于 50 元 / 天 · 人的食宿、交通补助。二是强化资金保障。加大就业创业补助资金对就业扶贫特别是技能培训的倾斜力度。2018 年，在继续对全省 88 个贫困县安排 3 亿元就业创业补助资金的基础上，对 45 个深度贫困县再增加就业创业补助资金 100 万元 / 县，主要用于贫困劳动力技能培训全覆盖行动工作。

西藏自治区：大力开展精准技能培训 促进转移就业脱贫攻坚

在西藏自治区党委、政府的坚强领导和高度重视下，西藏自治区人力资源和社会保障厅充分挖掘整合各类资源，积极发挥统筹协调作用，注重顶层设计，创新扶贫举措，在资金支持、精准施策上聚焦发力，多措并举，大力开展转移就业和技能培训工作，使贫困劳动力技能水平不断提高、就业能力显著增强、工资收入持续增加，为实现自治区脱贫攻坚基础目标和全面建成小康社会发挥了重要作用。

一、加强工作力度，健全就业扶贫政策体系

统筹全区各级人社部门聚焦农牧民技能水平低、就业能力不强等实际情况，坚持实施积极的就业政策，出台“1+N”就业脱贫措施。“1”即自治区人社厅（2016—2020 年）脱贫攻坚规划和“十三五”转移就业脱贫工作规划；“N”包括加强就业扶贫工作的意见、支持农牧民工等人员返乡创业的实施意见、依托项目建设和企业发展促进贫困人员就业等配套政策。同时，为进一步加强扶贫工作，制定出台《西藏自治区人力资源和社会保障厅深

度贫困地区脱贫攻坚实施方案（2018—2020年）》，为顺利推进贫困人员就业脱贫工作奠定坚实的政策基础。

二、加大资金投入，大力开展“订单式”技能培训

各级人社部门根据贫困人员培训意愿，坚持按需培训，不断创新培训方式方法，以促进就业为根本目标，积极开展针对性、实效性强的技能培训，注重组织订单式、定向式培训和送教下乡培训，抓好贫困人员培训工作进程。截至2018年上半年，自治区共下发贫困农牧民技能培训补助资金20 990万元，重点向日喀则、昌都、那曲三个脱贫攻坚主战场倾斜。全区累计培训各类贫困人员1.22万人，多渠道实现贫困人口转移就业1.86万人。完成农牧民转移就业26.1万人、39万人次，实现劳务总收入10亿元。

三、强化公共服务，多渠道促进贫困人口转移就业

近年来，自治区积极发挥产业项目带动就业作用，注重加强人员安置管理的后续跟踪服务，一级一级抓落实，使西藏地区的经济发展与促进贫困人口就业相互推进。同时，持续完善政策服务体系，推进基层公共就业服务平台建设，大规模开展职业技能培训、全力促进建档立卡贫困人口转移就业，不断提高就业的质量和稳定性。

第二节　市县典型案例

吉林省汪清县：转变培训方式“授人以渔”推进就业扶贫

吉林省汪清县围绕“产业 + 技能 + 就业”的总体思路，充分发挥人力资源社会保障部门工作职能，在助力脱贫攻坚、提升人才技能水平等方面采取了一系列措施。

一、加强领导，认真调研，夯实农技工培训工作基础

强化领导，狠抓工作落实。汪清县将业务骨干充实到培训工作一线，积极联动各部门职能，强化协调配合，结合就业扶贫工作，形成领导重视、高位推进的格局。深入调研，掌握一手数据。深入各乡镇、村屯调研有培训愿望和创业需求的农村“建档立卡”精准扶贫对象，摸清全县具有培训需求的建档立卡户 667 人。结合调研情况为该群体量身订制培训方案，拟定有针对性的培训计划。

二、认真筹划，精准培训，创新农技工培训方式方法

一方面，把握“三定＋两精选”原则，实现技能培训方式多样化。依托县域民办培训学校，采取集中理论培训、声像培训、技能实训等形式，选定市场前景好、经济效益高的产业作为培训项目；协调省内县城优秀师资力量，结合农村季节性节点，合理安排授课时间，实现农民生产与培训、农忙与教学的有序对接；将培训地点设立在农户“家门口”，使农民足不出户学会一技之长。另一方面，联合高校“外引内育”，实现技能培训长远发展。与吉林省工业技师学院签订农村贫困家庭子女免费技能提升培训合作协议，贫困家庭子女可享受培训学习零费用、100% 安置就业。同时，将多个培训服务机构纳入汪清县人才培训后备库，建立全县技能培训长效机制。

三、加大宣传，强化督导，推动农技工培训提速发展

一是加强宣传，营造培训氛围。扩大宣传范围，丰富宣传载体，依托“春风行动”等活动载体，通过村广播、公告栏、走街串户等多种方式深入企业、乡镇村屯宣传培训政策、了解培训需求，营造培训促进就业的良好氛围，提高全县农技工培训工作知晓率。二是强化监督，提高培训质量。在每个培训班配备一名监

督管理员，培训期间进行不定期检查，并填写劳动者素质培训检查单，切实提升培训效果。三是建立学生培训档案信息库。在培训人员结业后，定期跟踪服务，根据实际情况为未就业学员推荐合适的就业岗位，帮助其实现就业。

黑龙江省桦南县：紧盯靶向　扶志扶智

黑龙江省桦南县紧紧围绕黑龙江省人力资源和社会保障厅“两联三送”就业扶贫总体安排，从保障贫困群众“高薪就业、稳定就业”出发，重点打造了“八大技能培训品牌”，促进贫困劳动力实现从“卖苦力打工吃饭”到“凭技能高薪就业”的转变。《人民日报》及黑龙江电视台、《黑龙江日报》等媒体多次对此进行宣传报道。

一、重质量、优专业，打好“精品牌”

桦南县通过筛选市场热门行业、薪资高的专业，为贫困劳动力量身打造了“八大培训品牌”，即主打“育婴员（月嫂）和养老护理员（护工）”2个优势专业，同步提升保健按摩员、厨师、面点师、汽修员、美容师、健身指导员6个专业培训质量。截至2018年10月，完成培训5 000多人，其中，贫困劳动力627人，在有力支撑增收脱贫的同时，提升了非贫困户和边缘户的满意度。时下，“桦南月嫂”“桦南护工”已成为北京、哈尔滨等地颇具名气的家政服务品牌，她们月收入均在7 000元以上，部分金牌月嫂一单（26个工作日）薪金高达22 800元，真正实现了培训一人、就业一人、脱贫一户。

二、强基础、建平台，打好“承载牌”

为了改善技能培训环境，桦南县本级投入资金 200 多万元，利用桦南县职业教育中心闲置的 3 层建筑，改建了 2 000 多平方米的转移就业技能培训基地，各类教学设备设施齐全完善，培训实行全程监控，年培训能力 3 000 多人，受到了贫困人员等就业困难人员的一致好评，也激发了群众参与培训的热情。

三、一条龙、全免费，打好“生源牌”

依托就业补助资金，桦南县对贫困学员实行“免学费、三餐费、住宿费、教材费、学习用具费和免费提供就业服务”的全免费培训，真正实现了贫困学员职业技能培训全过程不花一分钱，最大限度地降低了贫困学员的思想顾虑，“扶志、扶智”效能显著。随着知名度的扩大，特别是通过高收入就业学员的典型示范引领，桦南县就业困难人员参与培训的热情高涨，有些培训甚至需要排队（贫困户不排队）。

四、优培训、促就业，打好“保障牌”

为了保障贫困学员就业增收，桦南县结合“春风行动”和反季节的“秋季用工暨转移就业脱贫招聘”活动，积极开发群众“冬闲”资源，促使一大批贫困群众由“猫冬”变为“一冬不赋闲、多赚几万元”。通过开展各类就业扶贫专项活动，已有 500

多名建档立卡贫困人员实现转移就业。正是看中了桦南培训优势，北京无忧草家庭服务产业集团在桦南县组建了衡惠无忧桦南公司（总部），面向全国推广复制“桦南技能培训扶贫模式”。基于良好的培训基础，用工企业对桦南培训学员十分欢迎，市场供不应求，实现了由“遍地撒网寻找安置出路”到“比对多家优中选优”的飞跃。

上海市普陀区：精准扶贫　技能培训　就业帮扶

上海市普陀区立足“中央要求、当地所需、普陀所能”，积极挖掘区域培训资源，注重技能提升，送教上门，着力从开展技能培训示范课、远程教学在线指导、培训联通就业、提供来沪就业培训服务四个方面推进扶贫帮扶任务的顺利完成。

一、送教上门，提升技能

一是开展技能培训。根据对口扶贫地区的职业培训需求，组织优质职业培训机构赴贵州省习水、赤水、桐梓地区开展送教上门活动。组建培训师资库，择优选派行业专家、技术能手、高级技师提供美容美发、汽车维修、食品烹饪等符合对口援助地区实际、适合当地劳动者的特色职业技能培训示范课。二是开展创业指导。结合对口扶贫地区的创业需求，组织创业指导专家赴当地对致富带头人开展创业培训，并对创业项目进行现场指导、品牌宣传及融资估值等辅导。三是开展职业指导。组织多家企业赴当地举办招聘会，由职业指导专家在现场进行求职指导与面试技巧辅导。2018 年，通过送教上门，共培训 870 余人次，其中，建档立卡贫困劳动者 480 人次。

二、搭建平台，在线指导

一方面，搭建普陀区培训机构与受援地师资互联互通平台，组建由职业培训行业专家、技术能手与当地职校老师参与的微信交流群。充分发挥网络便捷优势，与对口援助地区建立长效联络机制，针对技能培训实际操作中的重点难点，开展远程教学及网上会诊，切实强化当地的师资水平。另一方面，结合创业指导培训，创业导师对当地创业项目给予持续的跟踪关注。例如，对在线电商的运营宣传、投融资对接等，通过网络进行实时互动指导。

三、培训定制，联通就业

一是创新培训模式。发挥养老护理特色培训资源与服务业企业就业吸纳优势，由普陀区的优质培训机构与遵义医药高等专科学校合作开办养老护理专业定制班，岗位需求对接近 30 人。二是实施“订单式”培养。普陀区内重点餐饮企业与遵义桐梓县中等职业学校签订校企合作框架协议，建立长期人力资源培养和供需协作关系。学校根据企业用工需求，实施定向人才培养，实现学校与企业资源的深度融合；企业根据学校教学需求，定期组织专业教师开展职业培训，提高人才培训精准度。三是培训联通就业。普陀区内美容美发培训机构结合就业扶贫工作，提供包食宿、包就业的免费技能培训，在培训期间还给予学员一定的生活费，培训后就近安置就业并承诺年收入不低于 5 万元。

四、建工作站，送技能包

建立对口帮扶地区来沪就业人员工作服务站，对来沪就业人员实行动态跟踪服务，提供就业技能培训与后勤服务托底保障。为来沪务工人员送上“技能培训服务包”。一是开展城市生活常识类培训，帮助来沪就业人员熟悉和掌握在上海的衣食住行等必要的生活常识与生存技巧，帮助他们更快地融入城市生活；二是开展入职常识类、常用办公软件、职业指导、面试辅导、简历撰写等基本职业技能培训，帮助来沪就业人员更快地了解职场规则、适应职场管理要求；三是为来沪工作人员提供与从事岗位职业相关的国家职业资格等级培训，进一步提升技能水平，实现更高质量就业。

福建省云霄县：精心组织　精准实施
全面推进农村贫困家庭劳动力培训工作

福建省漳州市云霄县根据市人力资源和社会保障局下发的《关于推进精准扶贫三年行动方案的通知》及《关于下达 2016—2018 年精准扶贫培训任务的通知》文件精神，结合实际，研究制订农村贫困家庭劳动力培训计划，扎实开展农村贫困家庭劳动力“一户一培训”就业培训工作。

一、加强组织领导，健全工作机制

把农村贫困家庭劳动力培训工作作为精准扶贫、脱贫攻坚的一项重要任务，成立培训工作专门领导机构，召开乡镇分管领导及劳动保障事务所所长等业务人员、人社系统相关职能股室、就业管理中心和有资质的民办培训机构法人代表等参加的专题会议，周密部署培训计划，精心组织培训内容。同时，把每年农村贫困家庭劳动力培训工作纳入云霄县人力资源和社会保障局精准扶贫目标考核体系，加强督促检查，扎实推进农村贫困家庭劳动力培训工作落到实处。

二、精准识别培训对象，精心组织培训内容

与扶贫办、乡镇劳动保障事务所相互配合，统计并筛选法定劳动年龄内且具有培训意愿的农村贫困家庭劳动力情况，深入贫困户家中开展城乡人力资源信息入户调查表比对、校核工作，确保培训对象信息的完整性和准确性。严格把关、造册登记，依托云霄县月亮桥职业培训学校民办培训机构比对审核培训对象信息，建立规范统一、信息完整、内容真实的台账登记制度，确保培训工作顺畅有序开展。

三、严格培训管理流程，注重培训实际成效

一是深入各乡镇调查了解贫困家庭致富技能需求，采取走村

入户面对面宣传、发放宣传单等形式向精准扶贫农村贫困家庭宣传就业培训的专业、培训时间、培训内容、学员报名资格条件、惠民政策等内容，增强培训工作的透明度，使农村贫困家庭了解培训计划，积极主动参加培训。二是与培训机构共同安排部署培训计划，探讨新型培训形式，制定详细的农村贫困家庭就业培训实施方案，系统安排培训工作中的生源组织、专业设置、课程安排、师资配备、培训管理等。三是督导培训机构建立健全教学制度、学员管理制度、教师管理制度、学员理论测试和专业技能考核办法、学员实训制度、学员考勤制度等，确保计划落到实处。用制度引导学员端正态度，珍惜学习机会，认真参加培训，最终提高农村贫困家庭劳动力各种专业技能，为其就地就近自主创业奠定扎实的基础。

湖南省株洲市：多措并举 精准施策
扎实抓好贫困家庭劳动力技能培训

湖南省株洲市人力资源和社会保障局贯彻落实省人社厅关于脱贫攻坚的重大决策部署，大力实施贫困家庭劳动力技能培训行动，发挥技能培训在就业扶贫中的基础性、先导性作用，形成“123”（一个精准、两项结合、三个强化）就业扶贫技能培训株洲模式。

一、把握“一个精准”，夯实培训基础

依托湖南省劳务协作脱贫综合信息服务平台，在掌握扶贫部

门提供的建档立卡贫困人口数据基础上，采取实地走访、入户核查等方式，全面摸查贫困家庭劳动力就业失业情况。按照“谁摸查、谁负责”的原则，利用乡镇、村等基层平台，发挥行政村第一书记、驻村工作队、结对帮扶干部作用，动态更新，及时准确掌握贫困家庭劳动力技能状况、培训需求等信息，为精准实施技能培训奠定基础。

二、坚持“两项结合”，提升培训实效

坚持“请上来 + 送下去”相结合的教学模式，确保贫困家庭劳动力技能培训质量和实效。一方面，举办“扶贫专班”，把贫困家庭劳动力“请上来”。根据建档立卡贫困户实际情况、培训需求和就业意愿，采取以定员、定点、定向、定岗、定责为就业导向的“五定”培训模式，发挥企业、民办培训机构等社会资源优势，将技能培训和就业岗位结合，在全市择优选取株洲市新希望焊接职业技术学校等 5 家培训机构，授予其“就业扶贫爱心培训机构”称号，为全市有培训需求的建档立卡贫困家庭劳动力开展免费就业技能培训。另一方面，组织“培训下乡”，把就业技能“送下去”。针对贫困家庭劳动力居住偏远分散、因家庭原因无法到培训学校集中参培等情况，积极转变思路，改变以往传统的培训形式，采取更加灵活、机动且符合贫困家庭劳动力实际的“乡村大课堂”等培训方式送技术上门，组织培训机构选派精英教师自带设备到乡镇开展技能培训，确保贫困家庭劳动力在家门口就能接受“短、平、快”的实用技术培训。

三、突出“三个强化”，筑牢培训保障

一是强化政策支撑。出台《进一步做好就业扶贫工作的具体措施》，要求为有培训意愿的贫困家庭劳动力至少提供一次免费技能培训。贫困家庭劳动力就业技能培训在同类职业培训补贴标准基础上上浮 70%，岗位技能提升培训按就业前技能培训补贴标准的 50% 给予补贴。参加就业前技能培训的，培训期间按实际到课时间每人每天给予 20 元生活费补贴。二是强化资金保障。加大就业创业补助资金对就业扶贫特别是技能培训的倾斜力度。2018 年，在就业补助资金中专门列支近 1 000 万元用于农村贫困家庭劳动力就业，为就业扶贫技能培训提供有力保障。同时，对培训效果好、就业率高、机制健全的县（市、区），积极推荐申报省级就业培训示范点，并从就业补助资金中给予每个申报成

功对象 100 万元的专项奖补。三是强化工作督导。建立株洲市爱心培训机构联席会议制度，加强沟通交流，形成工作合力。对技能培训不到位、进度迟缓、任务完成较差的地方，以采取“发点球”的方式进行重点督导，对相关负责人进行约谈，并将扶贫培训纳入年终绩效考核，进一步压紧压实工作责任。

广西壮族自治区田东县：精准施策　助推培训　全力促进“两后生”就业脱贫

贫困家庭“两后生”职业技能培训是解决代际贫困问题的最直接方式和提高稳定收入的最佳选择。广西壮族自治区百色市田东县全力推进“两后生”职业培训招生工作，取得了良好效果。

一、围绕一个目标，层层压实责任

扶贫先扶智，田东县围绕“就读一人，就业一人，脱贫一户”的目标，成立以县人民政府主要领导为组长、常务副县长为分管领导，县人社局、财政局、教育局、扶贫办等部门主要领导为成员的贫困家庭“两后生”职业培训招生工作领导小组，制定实施工作方案，明确各部门、各乡镇工作职责，与广西工业技师学院签订“两后生”职业培训工作责任状。“两后生”技能培训政策效果明显，首批 85 名贫困家庭“两后生”已于 2018 年 7 月毕业，其中 40 人顺利走上工作岗位，另外 45 人选择继续升学。

二、狠抓两条主线，找准工作切入点

针对“两后生”人员分散、底数不清的特点，找准工作切入点，抓住两条主线开展工作。一方面，抓好学校这条线。通过县教育局，在初三、高三准毕业班进行人员摸底，切实掌握“两后生”情况底数。同时，密切与广西工业技师学院对接，制定招生工作方案，派出招生工作队，分成 10 个工作组，深入 10 个乡镇召开动员会，进村入户为学生及其家长面对面宣讲招生优惠政策，对符合条件的学生，当场发放录取通知书。2018 年，共有 82 人就读广西工业技师学院（其中 59 人接受一年的职业培训，23 人转读学历教育）。另一方面，抓好社会这条线。针对走出学校进入社会的学生，田东县组织工作队和村组干部一起进村入户开展面对面宣传动员，给在外务工适龄青年发短信、打电话进行宣传，使“两后生”职业培训政策全覆盖。

三、构建三级网络，合力推进招生工作

扎实构建县、乡、村三级工作网络，层层压实责任。一是部门联动，各职能部门主动作为，加强与技师院校沟通。二是乡镇配合，乡镇主要领导亲自抓，分管领导具体抓，驻村干部、帮扶干部和第一书记负责包村入户动员，以本县读技校、学技能、找到好工作的学生为案例进行宣传引导，收到良好带动效果。三是村干部给力，由各村干部分片负责宣传，精准掌握学生信息，动员有意向的学生报名入学。

贵州省黔东南州：探索“三扶三转”助推就业脱贫

贵州省黔东南州抓住脱贫攻坚“扶志、扶智”牛鼻子，紧盯勤、能、富三项目标，探索形成就业扶贫“三扶三转”（扶志转勤、扶勤转能、扶能转富）模式，有效解决了就业扶贫工作中存在的部分贫困家庭劳动力脱贫内生动力不足、“等靠要”思想严重等瓶颈问题，探索出一条具有自身特色的就业扶贫工作新模式。

一、“扶志转勤”激发贫困群众脱贫内生动力

一是靠宣传教育引导。成立由培训机构老师、村支部书记、驻村干部、致富带头人为主的扶志教育宣讲队伍，将扶志教育纳入“农民夜校”“新时代农民讲习所”以及贫困家庭劳动力全员培训的首训内容，采取召开群众会、院坝会等形式集中宣讲，形成州、县、乡、村四级联动扶志教育宣讲体系。二是靠活动感召立志。组织贫困群众开展升国旗、集体宣誓、写决心书、签名立志、现身说法等活动，利用黔东南州独有的芦笙节、姊妹节等“百节”民俗活动，引导广大贫困群众争先摘掉贫困帽。三是靠乡规民约约束。组织修订《村规民约》，将相关惠民政策与之捆绑，对缺乏内生动力的贫困群众，经村支两委研究，在政策范围内暂停享受有关优惠政策资格，有效避免“养懒汉”现象的存在。四是靠典型示范带动。邀请乡村致富带头人谈致富经、讲创

业路，开展“转思想”示范户创建活动，成立专项基金，对“转思想”示范户进行表彰奖励，激发脱贫对象想脱贫、争脱贫、比脱贫的热情。

二、“扶勤转能”帮助贫困群众掌握职业技能

一是开展“订单型”培训。针对本地产业园区、现代高效农业示范园、重点企业的岗位需求，有效开展“订单型”培训，实现“企业派单我买单”。二是开展“定向型”培训。鼓励培训机构“走下去”，采取“田间课堂”等形式，结合美丽乡村建设、农文旅一体化发展、农村合作社等工作，开展“定向型”培训，促进劳动者就地就业。三是开展“输出型”培训。注重将输入地用工需求与输出地劳动者就业意愿相结合，整合两地培训资源，对家庭贫困劳动力开展岗前“输出型”培训，提高其就业竞争能力。四是开展“扶志型”培训。把院校技能扶贫与开展中长期培训相结合，鼓励贫困连片地区建档立卡贫困学生到黔东南技工学校、贵州铁路技师学院、杭州师范大学等优质技工院校参加培训，通过开办技能扶贫班等方式，对建档立卡贫困学生进行“扶志型”培训。

三、“扶能转富”确保贫困群众稳定增收致富

一是依托产业就近就业。发挥龙头企业和村级集体经济带动效应，依托“企业 + 基地 + 农户”“党支部 + 村级集体经济组织 + 合作社”等模式，逐步形成产业链，增加就业岗位，带动

家庭贫困劳动力实现就地就近就业。二是扶持创业带动就业。下发《黔东南州人民政府办公室关于印发〈进一步促进就业创业的实施意见〉的通知》，通过“企业＋贫困户”“合作社＋贫困户”或加盟农村电商等形式，扶持创办农村电商、农家乐、居家养老服务等劳动密集型企业带动贫困人口脱贫。三是深化服务转移就业。率先在对口帮扶城市建立较系统的劳务协作工作站，加强与劳务协作城市对接，提高劳务输出的组织化程度和可持续性。

第六章　就业服务

第一节　省级经验做法

河北省：夯实基础　精准施策
强化全方位就业服务促脱贫

河北省各级人社部门把就业扶贫作为重要政治任务，认真贯彻落实国家、省委和省政府的重大决策部署，健全工作机制，创新政策举措，夯实基础信息，扩大服务保障供给，全力以赴促进农村贫困家庭劳动力通过就业实现脱贫。

一、精准识别，实现信息化动态管理

一是加强调查统计。河北省人力资源和社会保障厅将 36.45 万名 16 ~ 65 周岁建档立卡贫困劳动力信息层层通报，各贫困县据此组织基层干部通过逐户走访、逐人摸底、面对面交流等方式，对贫困劳动者技能水平、培训需求、岗位需求、创业意愿等逐一进行调查统计。二是加强动态管理。依托河北省就业扶贫信息管理系统，实施“一台账（实名制台账）、四清单（岗位供给清单、岗位需求清单、就业去向清单、责任落实清单）”制度，建立电子

"河北省贫困劳动力就业扶贫全程跟踪服务卡"，录入贫困劳动力信息，动态掌握就业状况、就业意愿、培训需求等，跟踪记录就业帮扶情况，实现贫困劳动力实名信息化全链条动态管理，做到底数清、信息准、去向明。三是加强分析调整。运用信息系统进行大数据分析，全面掌握工作进度，客观准确考量就业扶贫工作成效，及时发现问题，进行针对性整改。

二、提升能力，不断推进就业服务均等化

一是加强公共就业服务体系建设。实现公共就业服务省、市、县、乡镇（街道）四级全覆盖，10 个深度贫困县 2 955 个村级（社区）就业服务平台全部建成使用，着力推进公共就业服务规范化建设。二是提升公共就业服务能力。优先支持贫困县建设人力资源市场、职业培训机构，优先满足职业指导师、培训师培训需要，帮助贫困地区提升公共就业服务能力和就业技能培训能力。三是整合社会资源助力技能培训。鼓励通过社会捐赠、公益基金方式，定制简单易用的就业扶贫智能移动终端，创新开展贫困家庭劳动力培训就业工作。

三、精细服务，促进高质量就业创业

充分利用"互联网 + 岗位"的形式，通过河北省公共招聘网、本地公共就业人才服务网等渠道，把岗位招聘信息传送到人。为未就业的贫困家庭劳动力提供政策咨询、职业介绍、技能培训、创业指导等全方位、"一对一"服务，每年至少提供 3 个以上就

业岗位信息。针对贫困地区地处偏远、交通不便等特点，积极开展基层走访、展板宣传、微博微信推送等就业服务，广泛运用远程招聘、远程培训等技术手段，为贫困家庭劳动力提供更多就业机会。对深度贫困县特殊困难家庭未就业的大中专毕业生，建立就业帮扶台账，提供跟踪帮扶，直至实现稳定就业。

四、广搭平台，积极开展就业专项活动

在全省组织开展“就业援助月”“春风行动”等活动，通过送岗位、送技能、送温暖，与贫困家庭劳动力沟通交心，帮助 1.4 万名建档立卡贫困家庭劳动力实现就业。联合京津两地人社部门分别在张家口市沽源县和保定市涞源县举办“精准扶贫京津冀联合招聘会”，共吸引京津冀 112 家企业入场招聘，帮助 0.2 万人达成就业意向。引导贫困县通过“企业招聘面对面”“乡村招聘会”“送岗位下乡”等方式，把岗位信息直接送村进户到人，帮助广大贫困家庭劳动力顺利就业。

山西省：强化公共就业服务 促进农村贫困劳动力就业脱贫

山西省深入贯彻落实习近平总书记视察山西及在深度贫困地区脱贫攻坚座谈会上的重要讲话精神，充分发挥人社部门公共就业服务机构的作用，坚持精准识别、精准对接、精准帮扶，全力帮助贫困家庭劳动力转移就业、增收脱贫。

一、精准识别服务对象

依托乡镇基层公共就业服务平台、驻村扶贫工作队和第一书记，采取走村入户、调查走访等方式，建立农村贫困家庭劳动力实名制台账，全面掌握未就业贫困家庭劳动力文化素质、技能水平、就业意愿以及已就业贫困家庭劳动力就业去向、动态变化等，为精准开展技能培训、岗位对接、跟踪服务等打好基础，提供“第一手资料”。同时，依托全国统一的农村贫困家庭劳动力就业信息平台，及时核对、更新相关数据信息，实施全过程监测和动态化管理。

二、精准开展对接服务

以京津冀、长三角、珠三角为重点，积极拓展区域性劳务协作，搭建多层次劳务对接平台，提高贫困劳动力外出就业组织化程度。2017 年 9 月，在全省开展“农村贫困劳动力就业对接服务月”活动，印发了《关于建立省际省内就业扶贫对接帮扶机制工作方案的通知》，组织了 47 家中央驻晋和省内国企、省外 118 家用人单位分别和 58 个国家级贫困县及省级贫困县签订合作协议 183 份，举办招聘会 500 多场，达成就业意向 4.2 万人。2018 年 10 月，在大同举办华北地区家政服务劳务对接扶贫暨“天镇保姆”推介交流会，组织省内外 54 户家政服务企业（省外 21 户、省内 33 户）与山西省 58 个贫困县开展了交流洽谈，签订家政服务劳务对接合作框架协议 308 份，目前对接输出 0.54 万人。

同时，坚持“一县一品”，鼓励各地培育发展特色劳务品牌，扩大劳务输出规模。据统计，全省各类特色劳务品牌近 70 个，主要涵盖家政服务、护理护工、烹饪烹调、交通运输、建筑施工等行业，如“吕梁山护工”“天镇保姆”“榆社古建”“五台泥瓦匠”“晋襄酥”“繁峙绣娘”等。中央电视台新闻频道以《摆脱贫困——十万护工出吕梁》为题，对“吕梁山护工”作了 8 集连续报道；《中国青年报》《山西日报》等媒体以《晋面香到山东去》《让临汾技工品牌叫响全国》《交口绣娘：顾家赚钱两不误》为题，对“石楼福海厨工”“临汾技工”“交口绣娘”等劳务品牌进行了报道。

三、精准实施政策帮扶

围绕调动农村贫困家庭劳动力、企业和社会各方面的积极性，进一步完善就业扶贫激励政策。一是对农村贫困家庭劳动力开展免费培训和技能鉴定。二是鼓励企业吸纳农村贫困家庭劳动力就业，参照吸纳城镇就业困难人员给予社会保险补贴。三是支持农村贫困家庭劳动力异地转移就业，对跨省务工的，按每人不超过 800 元标准给予交通补助。四是鼓励劳务输出机构开展跟踪服务，对在输入地设立的服务站，可按服务人数给予每人每年不超过 300 元的就业服务补贴。“吕梁山护工”在太原、北京、山东青岛、陕西神木等地设立 6 个工作部、17 个服务站，不仅帮助“吕梁山护工”“走出去”，还要帮助他们“留得下”。

黑龙江省：加强精准服务
搭建对接平台　助力农村贫困残疾人就业

脱贫攻坚是党中央、国务院重要战略部署，农村贫困劳动力中的残疾人员更是帮扶工作的重中之重，为了更好助力脱贫攻坚行动和促进残疾人事业发展，黑龙江省聚焦有劳动能力的农村贫困残疾人，强化精准就业帮扶服务，有效促进其就业。

一、广泛组织政策宣传，增强就业意愿

黑龙江省各地把政策宣传作为帮扶贫困残疾人就业脱贫的助推器，利用“互联网＋就业创业”形式，线上线下多渠道宣传扶持贫困残疾人就业创业政策措施。一是充分利用互联网等现代技术手段，通过人社门户网站、微信公众号、移动客户端、新闻媒体、社区平台等多种形式发布就业创业政策和岗位信息。二是结合实际走村入户，上门宣讲，如鸡西市人力资源和社会保障局积极为贫困残疾人讲解各项帮扶政策，帮助他们知晓政策和用好政策，鼓励贫困残疾人通过参加培训和就业创业促进增收脱贫。三是利用人力资源市场主阵地进行宣传，如牡丹江市人力资源和社会保障局通过电子显示屏、服务咨询台、现场发放宣传资料等形式，多渠道宣传扶持残疾人就业创业的政策措施。

二、摸底调查建好台账，了解实情底数

黑龙江省各地人社部门牢固树立人本服务理念，积极与同级扶贫、残联部门沟通协作，依托公共就业服务基层平台组织劳动保障协理员开展走访普查和入户调查，全面摸排农村建档立卡贫困残疾人就业情况，准确掌握就业需求和培训需求，切实做到排查到人、实名登记、信息入库，并制定针对性强、切实可行的帮扶方案。对行动不便、无法离乡离家的贫困残疾人，组织用人单位进村入户，详细了解其就业需求，帮助其居家灵活就业。

三、开展就业需求登记，提供精准服务

为进一步摸清贫困残疾人情况，各地积极组织基层劳动保障工作人员对建档立卡贫困残疾人进行就业需求登记，摸清其就业情况和就业创业需求，有针对性地提供职业介绍、技能培训、职业指导等精准帮扶服务。牡丹江市人力资源和社会保障局充分考虑残疾人行动不便的实际，采用进村入户宣传的方式，将就业创业扶贫政策清单送到残疾人家中，进行详细解读使其了解自己可享受哪些政策并积极帮助落实，通过精准服务确保帮扶取得实效。

四、举办专场招聘活动，搭建对接平台

黑龙江省各地发挥人力资源市场功能，组织发动企业等用人单位提供适合贫困残疾人的就业岗位，组织开展专场招聘活动，

并根据贫困残疾人实际需求，提供精准对接服务，帮助符合条件人员享受相关政策。绥化市所辖肇东市通过组织招聘会，现场促成 7 名有就业意愿和劳动能力的贫困残疾人与用人单位实现了人岗对接。

2018 年以来，黑龙江省人社部门走访农村建档立卡贫困残疾人员 1.5 万余人，其中，查询到处于失业状态并有就业意愿人员 1 600 余人，发放宣传资料 9 万余份，组织专场招聘会 87 场，帮助 557 名农村建档立卡贫困残疾失业人员签订就业意向协议。

海南省：多渠道提供就业服务促进贫困劳动力就业

为贯彻落实国家和省委、省政府关于脱贫攻坚的工作部署，海南省人社部门创新工作方法，多渠道开展就业服务，为贫困家庭劳动力搭建就业平台，引导其转变观念，有效实现就业增收。

一、周密部署，精心保障就业

为切实摸清农村贫困劳动力求职和企业用工底数，全省各市县依托基层就业服务平台，积极深入村镇了解贫困家庭劳动力的基本情况和求职需求，建立就业信息台账；深入企业调查摸底，收集企业用工需求、招聘计划。海口市着眼于满足农村贫困劳动力的就业需求，委托第三方人力资源公司全方位开展就业扶贫工作，走访辖区内有用人需求的企业，对企业用工信息进行认真摸底调查，重点筛选用工规范、待遇较高、以普工为主、适合文化程度不高、年龄偏大的精准扶贫对象和返乡农民工就业的企业，为提高推荐就业的成功率，还注重发挥帮扶联系人的作用，提高企业用工信息宣传的实效性。

二、搭建平台，促进高效就业

一是加强劳务对接。海南省人力资源开发局组织市县就业局赴广东开展劳务对接活动，通过走访企业，看望琼籍务工人员，召开琼粤用工对接座谈会，签署《2018 年琼粤劳务输出框架协议》，进一步夯实琼粤劳务输出合作机制。二是拓宽劳务输出渠道。积极协调广东省海南务工人员服务协会，组织广州、深圳、东莞、佛山等地 33 家企业，收集以操作工、业务员、服务员等普工岗位为主的就业岗位，有效拓宽劳务输出渠道。三是搭建求职用工对接平台。线上线下齐发力，线上招聘注重持久，线下现场招聘进镇入村入园，最大限度地帮助贫困劳动力足不出户找到工作，为用工企业与务工群众搭起就业桥梁。

三、转变观念，引领智慧就业

2018 年以来，海南省人力资源开发局开展了“春风行动”就业创业政策宣讲暨经验交流会、“就业创业政策走基层”系列巡回宣讲活动，通过就业创业典型现身说法、创业导师启发引导、优惠政策精准解读等，激发贫困劳动力的内生动力和农民工返乡创业的热情，引导其转变观念、拓展思路、理性就业。昌江、洋浦、三亚、五指山、定安、澄迈等市县还因地制宜组织开展就业创业宣传。在定安县定城镇专场宣讲会上，27 名贫困人员当场与 58 同城达成就业意愿，并报名参加家政服务技能培训；在澄迈县永发镇创新创业暨振兴乡村论坛上，12 名返乡创业典型从不同角度分享创新创业经验，激励了更多农村青年返乡创业。

贵州省：创新就业扶贫新机制 提高劳务组织化程度

为落实好习近平总书记“就业扶贫要解决劳务组织化程度低的问题”指示精神，提升就业扶贫能力和水平，贵州省聚焦提高劳务组织化程度，不断织密劳务协作工作网络，加强劳务公司、劳务合作社、就业扶贫车间等载体建设，强化就业扶贫工作成效。

一、织密劳务协作工作网络

以对口帮扶城市和黔籍务工人员较多的省市为重点，建立省、市、县三级劳务协作站，搭建省外劳务协作网络，基本实现对口帮扶城市全覆盖、黔籍务工人员集中地全覆盖、沿海重点经济发达地区全覆盖。发挥劳务协作站（点）作用，通过主动对接当地人社部门、企业、园区等，收集整理适合贫困劳动力就业的岗位信息，加大公共就业服务力度，维护劳动者的合法权益，促进贫困劳动力输出就业、稳定就业。发挥省内中心城市区域优势强、就业岗位多的优势，加强与深度贫困地区的对接，开展省内劳务协作。2018 年，贵阳市向省内其他市（州）提供就业岗位 15 万余个，并与各市（州）签订了劳务合作协议。

二、完善省内劳务供给平台

坚持“政府主导、市场运作、持续发展、服务脱贫”原则，在县（区）筹资成立就业扶贫劳务公司，在乡镇设立分公司（或工作站），积极拓展业务领域，开展人力资源服务、职业技能培训、劳务派遣、劳务协作等。组建村级就业扶贫劳务合作社，实行村社一体，将村内全部贫困劳动力和自愿加入的农村劳动力吸纳为社员；劳务合作社在劳务公司的指导和支持下，整合本村劳动力资源，通过承接农村交通水利等基础设施建设和产业园区、基地建设项目，开展劳务派遣与技能培训，促进贫困家庭劳动力就业增收。截至 2018 年 6 月，贵州省共建立劳务公司 526 个（其中 79 个县区建立劳务公司），促进就业 14.47 万人（其中贫困家庭劳动力 5.78 万人），有组织输出就业 2.48 万人（其中贫困劳动力 1.05 万人）；建立村级劳务合作社 3 621 个，促进就业 3.98 万人（其中贫困劳动力就业 2.94 万人），有组织输出就业 1.13 万人（其中贫困劳动力 0.56 万人）。

三、实现劳务站与劳务公司无缝对接

省内劳务公司和劳务合作社通过有效整合劳动力资源，加强与驻外劳务协作站、省内中心城市联系沟通，将有外出就业意愿的贫困家庭劳动力有组织地输出到对口帮扶城市、经济发达城市就业，实现岗位、人员、资源等信息有效匹配，提高人岗对接精准度，使贫困家庭劳动力外出打工由自发行为上升为组织行为、由盲目流动变为有序转移，有效提升了劳务组织化程度。同时，将外出务工成功人士发展为劳动力转移就业联络员，培养成劳务经纪人，不断提升劳务输出组织能力。如贵州省毕节市已发展联络员 3 641 名，其中 83 名已成长为劳务经纪人。

青海省：落实精准就业服务
助力就业脱贫增收

青海省准确把脉群众脱贫增收关键病灶，以“两送”服务精准到户、异地转移精准串联、大数据分析精准识别为突破口，积极提供服务、搭建平台、解决就业，破解脱贫痛点难点，助力扶贫攻坚。

一、公共就业活动精准助力，落实到户

青海省就业服务部门始终坚持“精准服务、真情相助，不让一个困难群众掉队”，通过不断拓展完善贫困家庭劳动力公共就业服务政策，使各项就业扶持政策落实到户、实惠到人。开展对全省园区企业春节后复工情况摸底调查，针对企业用工需求情况组织“春风行动”“就业援助月”“民营企业招聘周”等就业援助服务活动，确保城镇零就业家庭动态清零。积极发动基层就业服

务人员开展农村建档立卡贫困家庭劳动力就业信息核查工作，落实实名登记，开展用工备案。深入推进“送岗位、送培训”专项活动进村入户，组织相关单位和企业深入互助县拉扎村、大通县克麻村等偏远农牧区，与就业困难人员精准对接，使农牧区群众足不出户就享受到就业援助服务。

二、异地转移输出精准对接，脱贫有路

针对就业困难人员、贫困家庭劳动力等群体就业渠道单一、自主择业能力弱的问题，积极发挥就业服务职能作用，在努力搭建转移就业平台、畅通渠道、提高服务，努力拉近用工需求与就业增收距离的同时，结合“夏秋季攻势”专项行动，积极发挥青海省 8 000 余名劳务经纪人的带动引领作用，召开劳务对接洽谈会，组织当地就业困难人员和贫困家庭劳动力通过“枸杞采摘”“金秋采棉”等转移就业专项活动，搭建精准有效的供需平台，实现劳动力转移输出和就业增收。

三、“互联网 + 就业”精准服务，覆盖到人

青海省始终坚持以人民为中心的发展理念，积极构建人社服务新格局，坚持“让数据多跑路、群众少跑腿”原则，大力推进“互联网 + 就业”网络经办系统平台建设，形成网上服务、掌上服务、自助服务、基层服务等全网联动、资源共享、精准识别、协同对接的公共就业服务信息办理系统，通过大数据，实现对包括贫困地区各类就业困难人员的精准识别帮扶。建成覆盖 8 个市

州、省级集中的“青海省人力资源市场信息管理系统”，实现业务、人群、功能、网络“四个覆盖”，搭建起省、市（州）、县（区）、乡镇、自然村互联互通的“五级网络”，为就业扶贫服务活动提供精准、科学、及时的决策依据和数据支撑。

新疆维吾尔自治区：紧盯目标任务
坚持精准施策　全力推动就业扶贫工作

新疆维吾尔自治区南疆四地州是“三区三州”之一，自然条件差、经济基础弱、贫困程度深，转移就业任务十分艰巨。自治区人力资源和社会保障厅党组高度重视、认真贯彻自治区党委的决策部署，大力实施“就业惠民”工程，扎实开展就业扶贫工作，在精准施策上出实招，在精准推进上下实功，在精准落地上见实效。

一、制定规划，目标精准

一是制定方案。集中聚焦 22 个深度贫困县，印发《关于自治区南疆四地州深度贫困地区就业扶贫 2018 年工作安排的通知》，明确具体行动计划。二是确定渠道。梳理转移就业经验，研究提出疆内跨地区转移一批，转移内地援疆省市一批，转移兵团一批，转移城镇、企业、园区一批，转移卫星工厂一批和小微创业带动就业一批“六个一批”转移渠道，明确每个渠道的转移人数。三是分解任务。将 3 年 10 万人任务分配为 2018 年、2019 年各 4

万人，2020 年 2 万人，并根据各地贫困家庭劳动力人数，将任务逐级分解到县、乡、村，由村建立“六个一批”转移人员工作台账。

二、压实任务，责任精准

一是领导坚强有力。成立南疆四地州深度贫困地区有组织转移就业工作领导小组，负责转移就业的统筹协调和监督检查，确保工作强力推进。二是三方职责明确。明确成员单位、输出地、接收地和用工企业的任务、责任、完成时限、落实措施，形成职责清晰、分工明确的责任体系。三是狠抓四大环节。抓好岗位开发落实、教育培训、组织输出和日常管理服务四大环节，确保压茬推进，连贯实施，形成政府有组织转移就业新机制。

三、建立系统，人员精准

一是精准掌握底数。将 162.75 万贫困人口全部纳入系统，动员县、乡、村三级力量对有劳动能力和就业意愿的劳动力逐个摸底核实，做到实名管理到县、到乡、到村、到户、到人。二是动态管理人员。严把基础数据采集、核实入口关，实现数据录入全面、准确、及时；在社会保障卡加载就业失业、享受政策等信息，转移人员全部持社保卡上岗，实现就业社保“一卡通”。三是精确研判形势。以实名制管理系统为依据，加强实时分析，按月调度任务完成情况，每季度对数据进行分析评估。

四、落实政策，保障精准

一是政策支持有力。制定出台《关于做好当前和今后一个时期就业创业工作的实施意见》，对南疆四地州给予特殊政策支持，全面保障深度贫困县有组织转移就业。二是教育培训扎实。对贫困家庭劳动力实施全覆盖培训，在输出地开展基础劳动素质培训，入企后开展岗位技能培训。三是资金保障到位。对转移前参加基础技能培训的，给予培训补贴和生活补贴；根据劳动合同签订期限，给予用工单位资金奖励。

五、强化管理，实施精准

一是强化督查保进度。自治区人力资源和社会保障厅领导多次带队对南疆四地州岗位开发、教育培训、体检政审、组织输出情况开展督查，实地核实用工岗位、人员台账。二是宣传引导促转移。针对少数民族群众不愿离土离乡的实际情况，大力宣传好典型、好经验、好做法，引导贫困家庭劳动力激发内生动力，自愿通过就业脱贫。三是快速推进保质量。以稳定就业一年以上为考核目标，倒排工期，挂图作战，加大岗位开发，聚焦贫困家庭，精准人岗匹配。截至 2018 年 6 月底，南疆四地州 22 个深度贫困县通过“六个一批”转移建档立卡贫困家庭劳动力 62 033 人，完成全年目标任务的 155.1%。

第二节 市县典型案例

江西省赣州市：实施“两精准、五到位、一扩大”扎实推进就业扶贫工作

江西省赣州市聚焦“就业一人，脱贫一户”目标，大力推进“两精准、五到位、一扩大”工作机制，帮扶 13.54 万名贫困家庭劳动力就业增收，4 家企业被评为“全国就业扶贫基地”，18 个就业扶贫示范园被认定为省级示范园，126 个就业扶贫示范点被认定为省级示范点。

一、落实“两精准”，夯实就业扶贫基础

一是精准识别，完善基础信息。认真开展农村贫困家庭劳动力调查登记，逐户摸清基本情况、收入构成、致贫原因及发展意愿等信息，分类建立台账，做到底数清、情况明，并实行动态管理。二是精准施策，出台惠民政策。实施“一扩一降五增加”政策：“一扩”即扩大补贴对象范围，将补贴对象由企业延伸到产业基地和农村经济合作组织；“一降”即降低企业吸纳贫困劳动力就业享受岗位补贴的条件；“五增加”即增加扶贫车间岗位补贴和一次性建设补助、增加“一村一品”产业奖扶、增加扶贫专岗类别补贴、增加“师带徒”培训补贴、增加贫困家庭劳动力培

训生活费补贴和一次性求职补贴。

二、做到“五到位”，打通贫困家庭劳动力就业的最后一公里

一是信息送到位。建立县级就业扶贫服务中心，设立村级就业扶贫综合服务站，开展就业扶贫系列招聘会，提供岗位信息、就业政策咨询等服务。二是岗位送到位。开发就业扶贫专岗，托底安置贫困家庭劳动力就业。三是培训送到位。大力开展电子商务、家庭服务等培训，使贫困家庭劳动力掌握一技之长。四是项目送到位。立足贫困村特色优势，发展“一村一品”产业项目，吸纳贫困家庭劳动力长期稳定就业。五是资金送到位。吸纳贫困家庭劳动力就业的产业扶贫基地和能人创业实体申请创业担保贷款时，根据带动人数适当提高贷款额度，并予以全额贴息。

三、突出“一扩大”，让贫困家庭劳动力在家门口就业

扶贫车间设在乡村，具有就业门槛低、工时灵活、订单有保障等特点，采取政府主导创办、企业创办、返乡能人自主创办多种模式扩大扶贫车间的覆盖范围。截至 2018 年 6 月底，赣州市已建成扶贫车间 895 个，吸纳贫困家庭劳动力就业 9 264 人，贫困劳动力平均每人每月可增收 1 741 元。

河南省焦作市：打造“8+5”模式实现转移就业脱贫

河南省焦作市积极探索“一人就业、全家脱贫”之路，确立了让每户贫困家庭劳动力至少实现1人就业的“一家一人就业工程”目标，实施一村一场招聘会10万岗位送农村等8个专项行动计划，打造了“招工＋培训补贴”等5个就业创业扶贫模式，取得显著成效。

一、组织实施一村一场招聘会10万岗位送农村专项行动，破解贫困家庭劳动力就业信息不对称的难题

招聘会前，深入企事业单位广泛征集就业岗位，建立用工信息数据库，有针对性地确定参与招聘的企事业单位，并提前告知村里做好场地准备。招聘会中，由市县两级人社部门带队负责，统一宣传标识，统一进行管理；由乡村干部提前通知并组织好群众按时参会，鼓励市县乡包村工作队员陪同群众参加招聘。招聘会结束后，做好跟踪服务工作。

二、实施1 000个扶贫转移就业基地建设，打造“招工＋培训补贴”“专项检查排查＋农民工工资卡＋欠薪企业黑名单＋农民工工资保障金＋应急周转金”模式，破解贫困家庭劳动力就近就业和权益维护的难题

充分发挥合作社和龙头企业的带动作用，大力发展农产品加

工、种植饲养、乡村旅游、电子商务等带动性强、发展快的脱贫产业，做到“村村有产业、户户有项目”。对企业新招用贫困家庭劳动力并与其签订 6 个月以上劳动合同，自劳动合同签订之日起 6 个月内开展岗前培训的，按照职业培训补贴标准的 80% 对企业给予补贴。同时，针对农民工外出务工、返乡创业中遇到的权益维护难题，出台实施农民工工资银行卡制度，并实行接受投诉、受理信访、欠薪约谈警示、劳动保障诚信“黑名单”、欠薪案件移交、动用周转金等一系列措施。

三、实施 100 家扶贫培训基地建设专项行动，打造“免费培训 + 招工”模式，破解贫困家庭劳动力就业技能缺乏的难题

组织培训机构和用工单位对接，开展订单式培训，经过中短期免费培训，让贫困劳动力掌握一技之长。对培训后取得资格证书的，推荐其到用工单位就业。贫困家庭劳动力培训期间可享受每天 30 元的生活补贴，到县市外省内定点培训机构参加培训的，每人可享受最高 300 元一次性交通费、住宿费补贴。

四、实施 100 个扶贫车间建设专项行动，打造“扶贫车间 + 补贴”模式，破解贫困家庭劳动力不愿外出就业的难题

利用乡镇、村集体闲置土地、房屋，创办厂房式或居家式“扶贫车间”，对乡镇、村创办的实体吸纳贫困家庭劳动力就业

达到 30%（含）以上的，发生的物管、卫生、房租、水电等费用，3 年内给予不超过实际费用 50% 的补贴，年补贴最高限额 10 000 元。同时，还对扶贫车间给予一定的房租和水电补贴。

五、实施 100 个创业脱贫项目、100 个创业孵化基地和两亿元无息创业担保贷款三个专项行动，打造“免费培训＋贴息创业贷款＋自付利息创业贷款”模式，破解贫困家庭劳动力创业的难题

采取发布一批优秀创业项目、认定一批创业孵化基地、发放一批创业担保贷款、组织实施光伏发电和蔬菜大棚项目等措施，将鼓励农民工返乡创业和转移就业脱贫工作结合起来。自主创业人员申请创业担保贷款最高额度，提高到个人最高贷款额度 30 万元（其中，财政贴息贷款最高 10 万元，自付利息贷

款最高可达 30 万元），小微企业最高贷款额度 400 万元（其中，财政贴息贷款最高 200 万元，自付利息贴息贷款最高可达 400 万元）。

湖南省绥宁县：强化农村劳务经纪人管理推动劳动力转移就业工作取得新成效

湖南省邵阳市绥宁县大力推进农村劳务经纪人队伍建设，积极发挥农村劳务经纪人“分布广、本地人”优势，不断强化农村劳务经纪人管理，积极开展信息、介绍、咨询等就业服务，致力推动全县劳动力转移就业工作取得新成效。

一、组建队伍强基础

为做好农村劳动力特别是贫困劳动力转移就业工作，增加农村家庭劳务经济收入，绥宁县人力资源和社会保障局根据县委、县政府制定下发的《关于切实做好就业扶贫工作的实施意见》，以 85 个贫困村为重点，经乡村两级基层组织推荐、人社部门面试考核，成功组建了一支 138 人组成的农村劳务经纪人队伍，面向农村劳动力和县内外企业开展劳务中介服务。

二、明确职责定服务

农村劳务经纪人的主要职责是通过开展信息、介绍、咨询等服务，帮助农村劳动力转移就业增收。一是信息服务。主要包括：

收集和发布贫困家庭劳动力个人基本信息、培训意愿、求职意愿等信息，并及时进行动态跟踪管理和信息更新；向农村贫困家庭劳动力传递县内外企业用工需求信息和人社部门的培训信息。二是介绍服务。每月向贫困家庭劳动力提供至少一次企业用工岗位信息，向用人企业做一次推荐服务；每月针对人岗匹配结果开展跟踪服务；协助人社部门和用工企业组织招聘会，发布和张贴招聘会公告信息。三是政策服务。向农村劳动力提供培训、就业、聘用、管理、社会保障等相关政策、法规的咨询服务。

三、严格考核强管理

一是动态管理。每月对农村劳务经纪人采集的贫困家庭劳动力信息进行抽查；每季度进行一次上门走访或电话回访；每半年开展专业性、实践性等业务培训，提高农村劳务经纪人业务水平。二是淘汰考核。对抽查贫困家庭劳动力信息准确率连续两次低于70% 且排名后 5 名，群众、村组干部投诉不满意或不服从组织管理和工作安排的劳务经纪人予以淘汰。三是奖罚分明。将对农村劳务经纪人的考核评比结果与佣金发放挂钩，适当调整实际发放佣金数；每年评选 20% 左右的优秀农村劳务经纪人，给予一定奖励。

四、转移就业见实效

一是信息沟通无障碍。一方面，劳务经纪人上门上户采集信息并按月动态更新维护，基本做到准确掌握服务对象就业意愿、培训意愿、就业情况信息；另一方面，劳务经纪人能够快速地将就业扶贫新政策、招聘活动信息、用工岗位信息、职业培训信息传达给贫困家庭劳动力。二是职业介绍成常态。每名劳务经纪人为未就业贫困家庭劳动力输送岗位信息 3 次以上，且经常开展职业介绍服务。三是咨询解答有保障。一方面，对农村劳务经纪人开展就业与扶贫政策知识培训，提升其就业服务技能；另一方面，劳务经纪人建立微信群，为做好政策咨询解答服务搭建平台，提高了农村劳动力就业政策知晓率。四是促进转移见成效。通过组织农村劳务经纪人参与就业服务，全县农村劳动力创业就业率明显提高。经统计，自成功组建农村劳务经纪人队伍以来，农村劳务经纪人已引领 1 622 名农村劳动力找到就业新门路，其中，成功介绍 677 名贫困家庭劳动力实现了转移就业。

广西壮族自治区河池市：坚持高位推动提高转移就业组织化程度

广西壮族自治区河池市是经济欠发达地区，转移就业是当地农村劳动力收入的主要来源。近年来，该市人社部门紧紧围绕地方经济发展和精准扶贫中心工作，坚持“政府主导、部门配合、群众参与”，着力提高转移就业组织化程度。

一、强化部门联动

河池市各级党委政府历来高度重视转移就业工作，将转移就业作为贫困户增收“脱贫摘帽”的首要工程，主动谋划贫困户转移就业工作。例如，河池市都安县建立了转移就业联席会议制度，由县委主要领导牵头，细化人力资源社会保障、扶贫等相关部门分工，各乡镇党委书记亲自抓，强化责任，整体推进转移就业工作。

二、深化劳务协作

河池市与深圳市签订了东西部劳务协作框架协议，按照“三来三往”的对接模式，坚持统一招聘、统一体检、统一输送，促进劳动力有序到深圳就业。目前，全市有 4.75 万人在深圳就业，其中，5 172 名贫困家庭劳动力实现稳定就业。

三、“输血”“造血”并举

河池市在有组织地引导农村劳动力跨县外出就业的同时，还注重规划布局，打造示范性贫困县农民工创业园和就业扶贫车间，引导无法外出的贫困家庭劳动力在家门口就业。目前，全市在建就业扶贫车间 42 家，带动就业 2 572 人，其中，带动贫困家庭劳动力就业 545 人。建设农民工创业园 4 个，入园企业 103 家，吸纳就业 3 876 人，其中，吸纳贫困家庭劳动力就业 483 人。

四、提高精准服务

为有效促进转移就业工作，河池市坚持做到“精准宣传、精准摸排、精准实施”。组织帮扶干部对贫困户“一对一”宣传就业政策。组织开展贫困家庭劳动力调查，摸清就业底数。在抓好职业培训的同时，重点抓好“两后生”培训及就业工作。河池市属两所技校有 221 名“两后生”已如期完成培训并就业，其中，129 人成功赴深圳就业。抓好后续服务及人文关怀，做到“输出一人、就业一人、稳定一人、脱贫一户”。除广西河池对外劳务协作驻深圳工作站的全程跟踪服务外，广西各县（区）党政或人社领导每年都带队到深圳慰问务工人员，帮助他们解除后顾之忧，促进其稳定就业。

四川省宜宾市：围绕“小标识”，做好“大文章”

四川省宜宾市创新就业扶贫举措，探索出一条打造就业扶贫品牌（就业扶贫 Logo），推广就业扶贫产品，从而助推就业扶贫的全新路子。

一、广泛征集，树立就业扶贫品牌形象

宜宾市面向全国征集了宜宾就业扶贫 Logo 设计作品，在反复征求社会各界人士意见后，确定了最终版式。一方面，该 Logo 以宜宾首字母“YB”为主创元素，经组合演变成动感的“业”字、翱翔的飞鸟、温暖的爱心纽带、温情的大手和蜿蜒的长江形态，充分体现宜宾地域特色和就业扶贫形象特征。另一方面，心手相牵托起就业扶贫的大任，放飞民生致富的梦想，充满关爱和力量，展现“心手相牵、就业扶贫”的核心理念，彰显宜宾就

业扶贫工作飞速发展的态势。

二、出台办法，规范就业扶贫 Logo 应用

为规范就业扶贫 Logo 的应用，宜宾市人力资源和社会保障局与宜宾市扶贫和移民工作局、宜宾市工商行政管理局联合制定了就业扶贫标识使用管理办法，实行授权使用。依据《宜宾就业扶贫产品认定管理暂行办法》，就业扶贫产品认定实行企业自愿申请，凡在宜宾市范围内，符合国家、省、市产业政策，对扶贫尤其是就业扶贫支持力度大、信用好、吸纳贫困家庭劳动力就业多的企业、专业合作社、个体户、创新创业项目，或政府有关部门认定的就业扶贫示范村、就业扶贫基地、就业扶贫车间等就业扶贫载体生产的可以在市场销售的产品，满足一定条件的，均可申请认定。通过认定的产品将赋予其全新产品内涵，授权该产品使用全市统一的就业扶贫产品标识对外销售。

三、成果转化，以就业扶贫品牌应用促就业扶贫

将就业扶贫 Logo 与政府支持产业发展紧密结合起来，先后与宜宾燃面、豆腐干、电子商务等产业合作，以就业扶贫品牌效应扩大知名度。将就业扶贫 Logo 同“酒都阿嫂”劳务品牌培育相结合，成功输出 30 名阿嫂进京，进京就业的阿嫂月均增收 7 000 元以上。将就业扶贫 Logo 与电商相结合，组建“宜宾市就业扶贫产品营销”线上平台及“宜宾市就业扶贫产品超市”线下展销体验中心，以“O2O”（线上到线下）模式与就业扶贫产

品对接，实现精准扶贫 + 就业创业，计划用三年时间，实现平台年销售 1 亿元，成为覆盖全市范围的本土化“就业扶贫平台”。

贵州省独山县：建立“村级就业服务中心”助力脱贫攻坚

贵州省黔南布依族苗族自治州独山县始终把就业扶贫作为人社部门打好脱贫攻坚战的第一民生工程和第一要务来抓，充分发挥职能部门作用，积极探索建立“村级就业服务中心”，使公共就业服务精准发力，助推农村贫困家庭劳动力转移就业。

一、编织村级精准就业服务网

为确保村级就业服务精准到位，独山县将就业服务重心下沉至村组，在全县 64 个村（社区）建立村级就业服务中心，明确村支书、村常务干部专门负责收集本村劳动力信息、求职意愿、培训意愿等信息，对就业服务中心人员定期组织开展业务培训，实现村级公共就业服务常态化、规范化。

二、建立村级精准信息数据库

利用社会保障信息平台，研发农村劳动力管理软件，建立和完善全县 19 万农村劳动力资源信息库，由各村（社区）就业服务中心按季度对本村劳动力个人信息进行更新，精准掌握劳动力就业意愿、培训意愿、务工地点等基本信息。利用信息数据，综合分析全县就业基本情况以及各镇劳动力资源情况、劳动力技能特点，为有效引导农村劳动力转移就业、组织开展技能培训提供依据。安排专人对企业用工情况进行动态监测，实行双月更新制，加大规模企业重点监测力度，及时掌握全县企业、事业单位用工缺工情况，实施“点对点”招工和“点餐式”培训。

三、发挥村级精准劳务转移就业平台作用

村级就业服务中心（脱贫劳动服务输出中心）因地制宜，结合本村劳动力技能特长及民风民俗市场需求，探索培养并组建村级家政服务、装饰装潢等劳动力输出队，由村级就业服务中心与县内企业建立长期用工关系，使每个劳动力都能找到合适的岗位，从而实现就业脱贫。

四、建立村级就业服务考核奖惩机制

独山县委、县政府先后制定出台了《独山县村（社区）综合实力发展增比进位考核实施方案（试行）》《独山县村（社区）干部绩效考核量化考评办法》等考核奖惩办法，明确将公共就业服务列为全县 64 个村（社区）综合实力发展增比进位考核内容。设置招工服务单项奖激励机制，对招工服务先进村（社区）一等奖给予 5 万元奖励（就业窗口业务员每人 1 万元）；二等奖给予 2 万元奖励（就业窗口业务员每人 0.5 万元）；三等奖给予 1 万元奖励（就业窗口业务员每人 0.3 万元）。对村级就业服务中心实行招工有偿服务，设立独山县农村劳动力转移和企业用工基金，

对推荐人员到园区企业稳定就业 3 个月以上的，按每人 300 元给予补助。

独山县通过村级就业服务中心推荐就业 3 922 人，实现农村贫困家庭劳动力转移就业 2 476 人。创建了秀峰村、基长社区等 8 个优秀村级就业服务中心示范点，通过“以点带面”，基本实现全县村级就业服务中心在促进农村贫困家庭劳动力转移就业过程中有序有效精准对接，基本形成城乡一体、上下贯通、精准到户、服务到人的公共就业服务网络。

云南省东川区：组建“就业扶贫队”因户施策促脱贫

云南省昆明市东川区把就业扶贫作为脱贫攻坚的重要措施，以组建“百人就业扶贫队”为抓手，打造一支奔走在脱贫攻坚一线的就业“铁军”，摸家底、找岗位、送服务，因地制宜、因户施策，走出了一条就业促增收助脱贫的新路子。

一、精准选人，精挑细选建队伍

针对农村劳动力基础信息不详不实，外出务工人员就业去向、收入情况无法准确监测等问题，东川区及时出台《东川区就业扶贫队员遴选管理办法》，从各行政村中遴选 114 名熟悉村情、素质过硬、吃苦耐劳、热心为民服务的年轻人，组建“百人就业扶贫队”，专门从事农民转移就业工作和城乡居民基本养老保险、

医疗保险的参保工作。通过以户为单位开展农村劳动力情况调查、信息核对、电脑录入、汇总分析工作，精准摸清 16 ~ 59 周岁劳动力就业意向、技能培训需求等信息，为每户农村家庭建立就业档案，形成实名制就业动态管理信息库，每月动态跟踪管理核实，为提升农村劳动力转移就业组织化程度奠定了坚实基础。

二、精准服务，履职尽责见实效

“百人就业扶贫队”进村入户采集农村劳动力基础信息，并做好相关分析工作。一方面，摸清家底，因户施策。针对老龄户、大龄户、青年户，分别采取民政部门保障兜底、产业帮扶、动员外出务工等不同措施；针对已就业、未就业、零就业劳动力，分别开展送政策稳岗服务、送岗上门服务、公益岗位安置就业服务。另一方面，对接意愿，送岗上门。“百人就业扶贫队”采取队员包村方式，实行一揽子包干，将“长三角”和“珠三角”、昆明主城区的岗位信息，第一时间通过微信群或上门服务送到农户手中，实现服务零距离、沟通零障碍。

三、精准管理，强化保障出业绩

东川区从政策、资金、服务等方面，为就业扶贫队员履职尽责提供坚强保障。在政策保障方面，率先出台就业扶贫配套政策及制度，形成“1 + 6 + 6”政策体系，让就业扶贫队员入户宣传时有“料”、有“干货”。例如，对外出就业满 6 个月的贫困家庭劳动力给予一次性 300 ～ 700 元交通和途中伙食补贴；对空巢老人和留守儿童给予每年 1 200 元生产生活补贴；对劳务经纪人给予 200 元就业服务补贴。在资金保障方面，出台《东川区就业扶贫资金管理办法》《东川区就业扶贫基地认定和管理办法》，给予吸纳建档立卡贫困劳动力稳定就业的企业社会保险补贴、岗位补贴，减轻企业用工负担。在服务保障方面，坚持严管与厚爱并重，加强就业扶贫队员的培训、教育与管理，致力打造一支素质优良、作风过硬的就业“铁军”。

新疆维吾尔自治区阿克苏地区：精准就业服务　助力精准脱贫

新疆维吾尔自治区阿克苏地区地处南疆，属于国家深度贫困地区，现有 2 个深度贫困县，9 个深度贫困乡镇，177 个贫困村

（其中深度贫困村 142 个），未脱贫人口 13 万余人。阿克苏地委、行署始终坚持把“转移就业扶持一批”作为脱贫攻坚最关键最有效的路径，以“四个精准”助力脱贫攻坚。

一、扶贫对象识别精准

利用全覆盖的村级劳动就业和社会保障平台，以行政村为单位，摸清贫困家庭劳动力转移就业意愿、转移就业方向、基本技能，按照转移就业方向分类统计人员，做好人员储备。把实名制动态管理作为精准扶贫的发力点，建立建档立卡贫困户“零就业家庭”动态清零实名数据库、转移贫困劳动力实名数据库、贫困家庭劳动力培训项目实名数据库，通过实名制数据库的层层管理，确保就业扶贫对象识别精准。

二、就业岗位落实精准

按照年龄、性别等因素分类开发就业扶贫岗位，做到岗位供给精准。统筹库车经济技术开发区和阿克苏纺织工业城开发区岗位，推动 35 岁以下劳动力在企业稳定就业；统筹全地区农业用工岗位，为 45 岁左右劳动力提供棉田管理和棉花采摘等岗位，以“卫星工厂”形式在乡镇发展劳动密集型企业，为贫困家庭劳动力提供就地就近就业岗位。

三、转移培训实施精准

以稳定就业为目标，抓住储备期、转移就业前、入职后三个环节开展职业技能培训，提高人岗匹配度，确保“输得出，能干好”。一是贫困家庭劳动力在储备期，充分发挥农民夜校等村级阵地作用，开展转变观念培训，算清经济收入账、社会保障账和教育账，提升贫困家庭劳动力转移就业积极性。二是贫困家庭劳动力转移就业前，采取统一输送、统一开班、企业冠名、集中授课、集中就业的方式，开展为期30天的转移就业前集中培训，推动少数民族贫困家庭劳动力向产业工人转变。三是贫困家庭劳动力在企业入职后，以企业为主体，通过适应性岗位培训、师带徒、名师传承等多种方式开展专项技能培训，使转移就业人员能够迅速掌握岗位技能，满足岗位需求。

四、管理服务组织精准

以“稳得住，有成效”为目标，做到“七个坚持”。一是坚持选送、培训、就业无缝衔接，做到岗位开发人员落实后，再有针对性地选送和培训。选送必须从贫困家庭转移就业人员库中来，培训结束后直接进入工作岗位稳定就业。二是坚持有组织转移就业，认真填写“有组织转移就业基本信息表”，由村、乡、县和就业单位逐级签字确认，做到去向清。三是坚持有组织转移企业就业人员持社会保障卡上岗，推动转移就业人员工资全部打入社会保障卡，实现就业社保“一卡通”。四是坚持干部带队驻厂管理，定期对转移就业贫困家庭劳动力进行随访谈心，宣传各项惠民政策。五是坚持带队干部集中服务和管理，架设员工、企业、输出地、输入地之间的沟通桥梁，及时化解各类矛盾，确保“输得出、稳得住”，真正实现“以业管人”。六是坚持定期进村入户实地走访督查，建立有组织转移就业人员返乡报到制度，实时了解转移就业人员返乡频率、思想动态、转移就业收入等信息。七是坚持转移就业人员信息系统管理、转移就业实名制台账、就业扶贫培训实名制台账、就业扶贫档案“四统一”，杜绝纸上脱贫和数字脱贫。

附录　2016年以来主要政策文件

国务院关于印发“十三五”脱贫攻坚规划的通知

国发〔2016〕64号

各省、自治区、直辖市人民政府，国务院各部委、各直属机构：

现将《“十三五”脱贫攻坚规划》印发给你们，请认真贯彻执行。

国务院

2016年11月23日

“十三五”脱贫攻坚规划

消除贫困、改善民生、逐步实现共同富裕，是社会主义的本质要求，是我们党的重要使命。“十三五”时期，是全面建成小康社会、实现第一个百年奋斗目标的决胜阶段，也是打赢脱贫攻坚战的决胜阶段。本规划根据《中国农村扶贫开发纲要（2011—2020年）》、《中共中央　国务院关于打赢脱贫攻坚战的决定》和《中华人民共和国国民经济和社会发展第十三个五年规划纲要》编制，主要阐明“十三五”时期国家脱贫攻坚总体思路、基本目标、主要任务和重大举措，是指导各地脱贫攻坚工作的行动指南，是各有关方面制定相关扶贫专项规划的重要依据。

规划范围包括 14 个集中连片特困地区的片区县、片区外国家扶贫开发工作重点县，以及建档立卡贫困村和建档立卡贫困户。

第一章 总体要求

第一节 面临形势

改革开放以来，在全党全社会的共同努力下，我国成功解决了几亿农村贫困人口的温饱问题，成为世界上减贫人口最多的国家，探索和积累了许多宝贵经验。党的十八大以来，以习近平同志为核心的党中央把扶贫开发摆到治国理政的重要位置，提升到事关全面建成小康社会、实现第一个百年奋斗目标的新高度，纳入“五位一体”总体布局和“四个全面”战略布局进行决策部署，加大扶贫投入，创新扶贫方式，出台系列重大政策措施，扶贫开发取得巨大成就。2011 年至 2015 年，现行标准下农村贫困人口减少 1 亿多人、贫困发生率降低 11.5 个百分点，贫困地区农民收入大幅提升，贫困人口生产生活条件明显改善，上学难、就医难、行路难、饮水不安全等问题逐步缓解，基本公共服务水平与全国平均水平差距趋于缩小，为打赢脱贫攻坚战创造了有利条件。

当前，贫困问题依然是我国经济社会发展中最突出的“短板”，脱贫攻坚形势复杂严峻。从贫困现状看，截至 2015 年底，我国还有 5 630 万农村建档立卡贫困人口，主要分布在 832 个国家扶贫开发工作重点县、集中连片特困地区县（以下统称贫困县）和 12.8 万个建档立卡贫困村，多数西部省份的贫困发生率在 10% 以上，民族 8 省区贫困发生率达 12.1%。现有贫困人口贫困程度更深、减贫成本更高、脱贫难度更大，依靠常规举措难以摆脱贫困状况。从发展环境看，经济形势更加错综复杂，经济下行压力大，地区经济发展分化对缩小贫困地区与全国发展差距带来新挑战；贫困地区县级财力薄弱，基础设施瓶颈制约依然明显，基本公共服务供给能力不足；产业发展活力不强，结构单一，环境约束趋紧，粗放式资源开发模式难以为继；贫困人口就业渠道狭窄，转移就业和增收难度大。实现到2020年打赢脱贫攻坚战的目标，时间特别紧迫，任务特别艰巨。

“十三五”时期，新型工业化、信息化、城镇化、农业现代化同步推进和国家重大区域发展战略加快实施，为贫困地区发展提供了良好环境和重大机遇，特别是国家综合实力不断增强，为打赢脱贫攻坚战奠定了坚实的物质基础。中央扶贫开发工作会议确立了精准扶贫、精准脱贫基本方略，党中央、国务院制定出台了系列重大政策措施，为举全国之力打赢脱贫攻坚战提供了坚强的政治保证和制度保障；各地区各部门及社会各界积极行动、凝神聚气、锐意进取，形成强大合力；贫困地区广大干部群众盼脱贫、谋发展的意愿强烈，内生动力和活力不断激发，脱贫攻坚已经成为全党全社会的统一意志和共同行动。

打赢脱贫攻坚战，确保到2020年现行标准下农村贫困人口实现脱贫，是促进全体人民共享改革发展成果、实现共同富裕的重大举措，是促进区域协调发展、跨越“中等收入陷阱”的重要途径，是促进民族团结、边疆稳固的重要保证，是全面建成小康社会的重要内容，是积极响应联合国2030年可持续发展议程的重要行动，事关人民福祉，事关党的执政基础和国家长治久安，使命光荣、责任重大。

第二节　指导思想

全面贯彻党的十八大和十八届三中、四中、五中、六中全会以及中央扶贫开发工作会议精神，深入贯彻习近平总书记系列重要讲话精神和治国理政新理念新思想新战略，统筹推进“五位一体”总体布局和协调推进

“四个全面”战略布局，牢固树立和贯彻落实创新、协调、绿色、开放、共享的发展理念，按照党中央、国务院决策部署，坚持精准扶贫、精准脱贫基本方略，坚持精准帮扶与区域整体开发有机结合，以革命老区、民族地区、边疆地区和集中连片特困地区为重点，以社会主义政治制度为根本保障，不断创新体制机制，充分发挥政府、市场和社会协同作用，充分调动贫困地区干部群众的内生动力，大力推进实施一批脱贫攻坚工程，加快破解贫困地区区域发展瓶颈制约，不断增强贫困地区和贫困人口自我发展能力，确保与全国同步进入全面小康社会。

必须遵循以下原则：

——坚持精准扶贫、精准脱贫。坚持以“六个精准”统领贫困地区脱贫攻坚工作，精确瞄准、因地制宜、分类施策，大力实施精准扶贫脱贫工程，变“大水漫灌”为“精准滴灌”，做到真扶贫、扶真贫、真脱贫。

——坚持全面落实主体责任。充分发挥政治优势和制度优势，强化政府在脱贫攻坚中的主体责任，创新扶贫考评体系，加强脱贫成效考核。按照中央统筹、省负总责、市县抓落实的工作机制，坚持问题导向和目标导向，压实责任、强力推进。

——坚持统筹推进改革创新。脱贫攻坚工作要与经济社会发展各领域工作相衔接，与新型工业化、信息化、城镇化、农业现代化相统筹，充分发挥政府主导和市场机制作用，稳步提高贫困人口增收脱贫能力，逐步解决区域性整体贫困问题。加强改革创新，不断完善资金筹措、资源整合、利益联结、监督考评等机制，形成有利于发挥各方面优势、全社会协同推进的大扶贫开发格局。

——坚持绿色协调可持续发展。牢固树立绿水青山就是金山银山的理念，把贫困地区生态环境保护摆在更加重要位置，探索生态脱贫有效途径，推动扶贫开发与资源环境相协调、脱贫致富与可持续发展相促进，使贫困人口从生态保护中得到更多实惠。

——坚持激发群众内生动力活力。坚持群众主体地位，保障贫困人口平等参与、平等发展权利，充分调动贫困地区广大干部群众积极性、主动性、创造性，发扬自强自立精神，依靠自身努力改变贫困落后面貌，实现光荣脱贫。

第三节　脱 贫 目 标

到 2020 年，稳定实现现行标准下农村贫困人口不愁吃、不愁穿，义务教育、基本医疗和住房安全有保障（以下称“两不愁、三保障”）。贫困地区农民人均可支配收入比 2010 年翻一番以上，增长幅度高于全国平均水平，基本公共服务主要领域指标接近全国平均水平。确保我国现行标准下农村贫困人口实现脱贫，贫困县全部摘帽，解决区域性整体贫困。

专栏 1

“十三五”时期贫困地区发展和贫困人口脱贫主要指标

指　　标	2015 年	2020 年	属性	数据来源
建档立卡贫困人口（万人）	5 630[①]	实现脱贫	约束性	国务院扶贫办
建档立卡贫困村（万个）	12.8	0	约束性	国务院扶贫办
贫困县（个）	832[②]	0	约束性	国务院扶贫办

① 国家统计局抽样统计调查显示，截至 2015 年底全国农村贫困人口为 5 575 万人。根据国务院扶贫办扶贫开发建档立卡信息系统识别认定，截至 2015 年底全国农村建档立卡贫困人口为 5 630 万人。按照精准扶贫、精准脱贫要求，为确保脱贫一户、销号一户，本规划使用扶贫开发建档立卡信息系统核定的贫困人口数。

② 此外，还有新疆维吾尔自治区阿克苏地区 6 县 1 市享受片区政策。

续表

指　　标	2015年	2020年	属性	数据来源
实施易地扶贫搬迁贫困人口（万人）	—	981	约束性	国家发展改革委、国务院扶贫办
贫困地区农民人均可支配收入增速（%）	11.7	年均增速高于全国平均水平	预期性	国家统计局
贫困地区农村集中供水率（%）	75	≥83	预期性	水利部
建档立卡贫困户存量危房改造率（%）	—	近100	约束性	住房城乡建设部、国务院扶贫办
贫困县义务教育巩固率（%）	90	93	预期性	教育部
建档立卡贫困户因病致（返）贫户数（万户）	838.5	基本解决	预期性	国家卫生计生委
建档立卡贫困村村集体经济年收入（万元）	2	≥5	预期性	国务院扶贫办

——现行标准下农村建档立卡贫困人口实现脱贫。贫困户有稳定收入来源，人均可支配收入稳定超过国家扶贫标准，实现“两不愁、三保障”。

——建档立卡贫困村有序摘帽。村内基础设施、基本公共服务设施和人居环境明显改善，基本农田和农田水利等设施水平明显提高，特色产业基本形成，集体经济有一定规模，社区管理能力不断增强。

——贫困县全部摘帽。县域内基础设施明显改善，基本公共服务能力和水平进一步提升，全面解决出行难、上学难、就医难等问题，社会保障实现全覆盖，县域经济发展壮大，生态环境有效改善，可持续发展能力不断增强。

第二章 产业发展脱贫

立足贫困地区资源禀赋，以市场为导向，充分发挥农民合作组织、龙头企业等市场主体作用，建立健全产业到户到人的精准扶持机制，每个贫困县建成一批脱贫带动能力强的特色产业，每个贫困乡、村形成特色拳头产品，贫困人口劳动技能得到提升，贫困户经营性、财产性收入稳定增加。

第一节 农林产业扶贫

优化发展种植业。粮食主产县要大规模建设集中连片、旱涝保收、稳产高产、生态友好的高标准农田，巩固提升粮食生产能力。非粮食主产县要大力调整种植结构，重点发展适合当地气候特点、经济效益好、市场潜力大的品种，建设一批贫困人口参与度高、受益率高的种植基地，大力发展设施农业，积极支持园艺作物标准化创建。适度发展高附加值的特色种植业。生态退化地区要坚持生态优先，发展低耗水、有利于生态环境恢复的特色作物种植，实现种地养地相结合。

积极发展养殖业。因地制宜在贫困地区发展适度规模标准化养殖，加强动物疫病防控工作，建立健全畜禽水产良种繁育体系，加强地方品种保护与利用，发展地方特色畜牧业。通过实施退牧还草等工程和草原生态保护补助奖励政策，提高饲草供给能力和质量，大力发展草食畜牧业，坚持草畜平衡。积极推广适合贫困地区发展的农牧结合、粮草兼顾、生态循环种养模式。有序发展健康水产养殖业，加快池塘标准化改造，推进稻田综合种养工程，积极发展环保型养殖方式，打造区域特色水产生态养殖品牌。

大力发展林产业。结合国家生态建设工程，培育一批兼具生态和经济效益的特色林产业。因地制宜大力推进木本油料、特色林果、林下经济、竹藤、花卉等产业发展，打造一批特色示范基地，带动贫困人口脱贫致富。着力提高木本油料生产加工水平，扶持发展以干鲜果品、竹藤、速生丰产林、松脂等为原料的林产品加工业。

促进产业融合发展。深度挖掘农业多种功能，培育壮大新产业、新业态，推进农业与旅游、文化、健康养老等产业深度融合，加快形成农村一二三产业融合发展的现代产业体系。积极发展特色农产品加工业，鼓励地方扩大贫困地区农产品产地初加工补助政策实施区域，加强农产品加工技术研发、引进、示范和推广。引导农产品加工业向贫困地区县域、重点乡镇和产业园区集中，打造产业集群。推动农产品批发市场、产地集配中心等流通基础设施以及鲜活农产品冷链物流设施建设，促进跨区域农产品产销衔接。加快实施农业品牌战略，积极培育品牌特色农产品，促进供需结构升级。加快发展无公害农产品、绿色食品、有机农产品和地理标志农产品。

扶持培育新型经营主体。培育壮大贫困地区农民专业合作社、龙头企业、种养大户、家庭农（林）场、股份制农（林）场等新型经营主体，支持发展产供直销，鼓励采取订单帮扶模式对贫困户开展定向帮扶，提供全产业链服务。支持各类新型经营主体通过土地托管、土地流转、订单农业、牲畜托养、土地经营权股份合作等方式，与贫困村、贫困户建立稳定的利益联结机制，使贫困户从中直接受益。鼓励贫困地区各类企业开展农业对外合作，提升经营管理水平，扩大农产品出口。推进贫困地区农民专业合作社示范社创建，鼓励组建联合社。现代青年农场主培养计划向贫困地区倾斜。

加大农林技术推广和培训力度。强化贫困地区基层农业技术推广体系建设。鼓励科研机构和企业加强对地方特色动植物资源、优良品种的保护和开发利用。支持农业科研机构、技术推广机构建立互联网信息帮扶平台，向贫困户免费传授技术、提供信息。强化新型职业农民培育，扩大贫困地区培训覆盖面，实施农村实用人才带头人和大学生村官示范培训，加大对脱贫致富带头人、驻村工作队和大学生村官培养力度。对农村贫困家庭劳动力进行农林技术培训，确保有劳动力的贫困户中至少有 1 名成员掌握 1 项实用技术。

专栏 2

产业扶贫工程

（一）农林种养产业扶贫工程。

重点实施“一村一品”强村富民、粮油扶贫、园艺作物扶贫、畜牧业扶贫、水产扶贫、中草药扶贫、林果扶贫、木本油料扶贫、林下经济扶贫、林木种苗扶贫、花卉产业扶贫、竹产业扶贫等专项工程。

（二）农村一二三产业融合发展试点示范工程。

支持农业集体经济组织、新型经营主体、企业、合作社开展原料基地、农产品加工、营销平台等生产流通设施建设，鼓励贫困地区因地制宜发展产业园区，以发展劳动密集型项目为主，带动当地贫困人口就地就近就业。

（三）贫困地区培训工程。

重点实施新型经营主体培育、新型职业农民培育、农村实用人才带头人和大学生村官示范培训、致富带头人培训、农民手机应用技能培训等专项工程。

第二节 旅游扶贫

因地制宜发展乡村旅游。开展贫困村旅游资源普查和旅游扶贫摸底调查，建立乡村旅游扶贫工程重点村名录。以具备发展乡村旅游条件的2.26万个建档立卡贫困村为乡村旅游扶贫重点，推进旅游基础设施建设，实施乡村旅游后备箱工程、旅游基础设施提升工程等一批旅游扶贫重点工程，打造精品旅游线路，推动游客资源共享。安排贫困人口旅游服务能力培训和就业。

大力发展休闲农业。依托贫困地区特色农产品、农事景观及人文景观等资源，积极发展带动贫困人口增收的休闲农业和森林休闲健康养生产业。实施休闲农业和乡村旅游提升工程，加强休闲农业聚集村、休闲农业园等配套服务设施建设，培育扶持休闲农业新型经营主体，促进农业与旅游观光、健康养老等产业深度融合。引导和支持社会资本开发农民参与度高、受益面广的休闲农业项目。

积极发展特色文化旅游。打造一批辐射带动贫困人口就业增收的风景名胜区、特色小镇，实施特色民族村镇和传统村落、历史文化名镇名村保护与发展工程。依托当地民族特色文化、红色文化、乡土文化和非物质文化遗产，大力发展贫困人口参与并受益的传统文化展示表演与体验活动等乡村文化旅游。开展非物质文化遗产生产性保护，鼓励民族传统工艺传承发展和产品生产销售。坚持创意开发，推出具有地方特点的旅游商品和纪念品。支持农村贫困家庭妇女发展家庭手工旅游产品。

专栏 3

旅游扶贫工程

（一）旅游基础设施提升工程。

支持中西部地区重点景区、乡村旅游、红色旅游、集中连片特困地区生态旅游交通基础设施建设，加快风景名胜区和重点村镇旅游集聚区旅游基础设施和公共服务设施建设。对乡村旅游经营户实施改厨、改厕、改院落、整治周边环境工程，支持国家扶贫开发工作重点县、集中连片特困地区县中具备条件的 6 130 个村的基础设施建设。支持贫困村周边 10 公里范围内具备条件的重点景区基础设施建设。

（二）乡村旅游产品建设工程。

鼓励各类资本和大学生、返乡农民工等参与贫困村旅游开发。鼓励开发建设休闲农庄、乡村酒店、特色民宿以及自驾露营、户外运动和养老养生等乡村旅游产品，培育 1 000 家乡村旅游创客基地，建成一批金牌农家乐、A 级旅游景区、中国风情小镇、特色景观旅游名镇名村、中国度假乡村、中国精品民宿。

（三）休闲农业和乡村旅游提升工程。

在贫困地区扶持建设一批休闲农业聚集村、休闲农庄、休闲农业园、休闲旅游合作社。认定推介一批休闲农业和乡村旅游示范县，推介一批中国美丽休闲乡村，加大品牌培育力度，鼓励创建推介有地方特色的休闲农业村、星级户、精品线路等，逐步形成品牌体系。

（四）森林旅游扶贫工程。

推出一批森林旅游扶贫示范市、示范县、示范景区，确定一批重点森林旅游地和特色旅游线路，鼓励发展“森林人家”，打造多元化旅游产品。

（五）乡村旅游后备箱工程。

鼓励和支持农民将当地农副土特产品、手工艺品通过自驾车旅游渠道就地就近销售，推出一批乡村旅游优质农产品推荐名录。到2020年，全国建设1 000家“乡村旅游后备箱工程示范基地”，支持在临近的景区、高速公路服务区设立特色农产品销售店。

（六）乡村旅游扶贫培训宣传工程。

培养一批乡村旅游扶贫培训师。鼓励各地设立一批乡村旅游教学基地和实训基地，对乡村旅游重点村负责人、乡村旅游带头人、从业人员等分类开展旅游经营管理和服务技能培训。2020年前，每年组织1 000名乡村旅游扶贫重点村村官开展乡村旅游培训。开展“乡村旅游＋互联网”万村千店扶贫专项行动，加大对贫困地区旅游线路、旅游产品、特色农产品等宣传推介力度。组织开展乡村旅游扶贫公益宣传。鼓励各地打造一批具有浓郁地方特色的乡村旅游节庆活动。

第三节　电商扶贫

培育电子商务市场主体。将农村电子商务作为精准扶贫的重要载体，把电子商务纳入扶贫开发工作体系，以建档立卡贫困村为工作重点，提升贫困户运用电子商务创业增收的能力。依托农村现有组织资源，积极培育农村电子商务市场主体。发挥大型电商企业孵化带动作用，支持有意愿的贫困户和带动贫困户的农民专业合作社开办网上商店，鼓励引导电商和电商平台企业开辟特色农产品网上销售平台，与合作社、种养大户建立直采直供关系。加快物流配送体系建设，鼓励邮政、供销合作等系统在贫困乡村建立和改造服务网点，引导电商平台企业拓展农村业务，加强农产品网上销售平台建设。实施电商扶贫工程，逐步形成农产品进城、工业品下乡的双向流通服务网络。对贫困户通过电商平台创业就业的，鼓励地方政府和电商企业免费提供网店设计、推介服务和经营管理培训，给予网络资费补助和小额信贷支持。

改善农村电子商务发展环境。加强交通、商贸流通、供销合作、邮政等部门及大型电商、快递企业信息网络共享衔接，鼓励多站合一、服务同网。加快推进适应电子商务的农产品质量标准体系和可追溯体系建设以及分等分级、包装运输标准制定和应用。

专栏 4

电商扶贫工程

通过设备和物流补助、宽带网络优惠、冷链建设、培训支持等方式实施电商扶贫工程。鼓励有条件的地方和电商企业，对贫困村电商站、设备配置以及代办物流快递服务点等，给予适当补助和小额信贷支持；当地电信运营企业根据用户需求负责宽带入户建设，鼓励电信运营企业对贫困村网络流量资费给予适当优惠；在有条件的贫困村建设一批生鲜冷链物流设施。

第四节　资产收益扶贫

组织开展资产收益扶贫工作。鼓励和引导贫困户将已确权登记的土地承包经营权入股企业、合作社、家庭农（林）场与新型经营主体形成利益共同体，分享经营收益。积极推进农村集体资产、集体所有的土地等资产资源使用权作价入股，形成集体股权并按比例量化到农村集体经济组织。财政扶贫资金、相关涉农资金和社会帮扶资金投入设施农业、养殖、光伏、水电、乡村旅游等项目形成的资产，可折股量化到农村集体经济组织，优先保障丧失劳动能力的贫困户。建立健全收益分配机制，强化监督管理，确保持股贫困户和农村集体经济组织分享资产收益。创新水电、矿产资源开发占用农村集体土地的补偿补助方式，在贫困地区选择一批项目开展资源开发资产收益扶贫改革试点。通过试点，形成可复制、可推广的模式和制度，并在贫困地区推广，让贫困人口分享资源开发收益。

专栏5

资产收益扶贫工程

（一）光伏扶贫工程。

在前期开展试点、光照条件较好的5万个建档立卡贫困村实施光伏扶贫，保障280万无劳动能力建档立卡贫困户户均年增收3 000元以上。其他光照条件好的贫困地区可因地制宜推进实施。

（二）水库移民脱贫工程。

完善地方水库移民扶持基金分配制度，在避险解困、产业发展、技能培训、教育卫生等方面向贫困水库移民倾斜，探索实施水库移民扶持基金对贫困水库移民发展产业的直接补助、贷款贴息、担保服务、小额贷款保证保险保费补助、资产收益扶贫等扶持政策。

（三）农村小水电扶贫工程。

在总结试点经验基础上，全面实施农村小水电扶贫工程。建设农村小水电扶贫装机200万千瓦，让贫困地区1万个建档立卡贫困村的100万贫困农户每年稳定获得小水电开发收益，助力贫困户脱贫。

第五节 科技扶贫

促进科技成果向贫困地区转移转化。组织高等学校、科研院所、企业等开展技术攻关，解决贫困地区产业发展和生态建设关键技术问题。围绕全产业链技术需求，加大贫困地区新品种、新技术、新成果的开发、引进、集成、试验、示范力度，鼓励贫困县建设科技成果转化示范基地，围绕支柱产业转化推广5万项以上先进适用技术成果。

提高贫困人口创新创业能力。深入推行科技特派员制度，基本实现特派员对贫困村科技服务和创业带动全覆盖。鼓励和支持高等院校、科研院所发挥科技优势，为贫困地区培养科技致富带头人。大力实施边远贫困地区、边疆民族地区和革命老区人才支持计划科技人员专项计划，引导支持科技人员与贫困户结成利益共同体，创办、领办、协办企业和农民专业合作社，带动贫困人口脱贫。加强乡村科普工作，为贫困群众提供线上线下、点对点、面对面的培训。

加强贫困地区创新平台载体建设。支持贫困地区建设一批“星创天地”、科技园区等科技创新载体。充分发挥各类科技园区在扶贫开发中的技术集中、要素聚集、应用示范、辐射带动作用，通过“科技园区＋贫困村＋贫困户”的方式带动贫困人口脱贫。推动高等学校新农村发展研究院在贫困地区建设一批农村科技服务基地。实施科技助力精准扶贫工程，在贫困地区支持建设 1 000 个以上农技协联合会（联合体）和 10 000 个以上农村专业技术协会。

第三章 转移就业脱贫

加强贫困人口职业技能培训和就业服务，保障转移就业贫困人口合法权益，开展劳务协作，推进就地就近转移就业，促进已就业贫困人口稳定就业和有序实现市民化、有劳动能力和就业意愿未就业贫困人口实现转移就业。

第一节 大力开展职业培训

完善劳动者终身职业技能培训制度。针对贫困家庭中有转移就业愿望劳动力、已转移就业劳动力、新成长劳动力的特点和就业需求，开展差异化技能培训。整合各部门各行业培训资源，创新培训方式，以政府购买服务形式，通过农林技术培训、订单培训、定岗培训、定向培训、“互联网 + 培训”等方式开展就业技能培训、岗位技能提升培训和创业培训。加强对贫困家庭妇女的职业技能培训和就业指导服务。支持公共实训基地建设。

提高贫困家庭农民工职业技能培训精准度。深入推进农民工职业技能提升计划，加强对已外出务工贫困人口的岗位培训。继续开展贫困家庭子女、未升学初高中毕业生（俗称“两后生”）、农民工免费职业培训等专项行动，提高培训的针对性和有效性。实施农民工等人员返乡创业培训五年行动计划（2016—2020 年）、残疾人职业技能提升计划。

第二节 促进稳定就业和转移就业

加强对转移就业贫困人口的公共服务。输入地政府对已稳定就业的贫困人口予以政策支持，将符合条件的转移人口纳入当地住房保障范围，完善随迁子女在当地接受义务教育和参加中高考政策，保障其本人及随迁家属平等享受城镇基本公共服务。支持输入地政府吸纳贫困人口转移就业和落户。为外出务工的贫困人口提供法律援助。

开展地区间劳务协作。建立健全劳务协作信息共享机制。输出地政府与输入地政府要加强劳务信息共享和劳务协作对接工作，全面落实转移就业相关政策措施。输出地政府要摸清摸准贫困家庭劳动力状况和外出务工意愿，输入地政府要协调提供就业信息和岗位，采取多种方式协助做好就业安置工作。对到东部地区或省内经济发达地区接受职业教育和技能培训的贫困家庭“两后生”，培训地政府要帮助有意愿的毕业生在当地就业。建立健全转移就业工作考核机制。输出地政府和输入地政府要加强对务工人员的禁毒法制教育。

推进就地就近转移就业。建立定向培训就业机制，积极开展校企合作和订单培训。将贫困人口转移就业与产业聚集园区建设、城镇化建设相结合，鼓励引导企业向贫困人口提供就业岗位。财政资金支持的企业或园区，应优先安排贫困人口就业，资金应与安置贫困人口就业任务相挂钩。支持贫困户自主创业，鼓励发展居家就业等新业态，促进就地就近就业。

专栏 6

就业扶贫行动

（一）劳务协作对接行动。

依托东西部扶贫协作机制和对口支援工作机制，开展省际劳务协作，同时积极推动省内经济发达地区和贫困县开展劳务协作。围绕实现精准对接、促进稳定就业的目标，通过开发岗位、劳务协作、技能培训等措施，带动一批未就业贫困劳动力转移就业，帮助一批已就业贫困劳动力稳定就业，帮助一批贫困家庭未升学初高中毕业生就读技工院校毕业后实现技能就业。

（二）重点群体免费职业培训行动。

组织开展贫困家庭子女、未升学初高中毕业生等免费职业培训。到2020年，力争使新进入人力资源市场的贫困家庭劳动力都有机会接受1次就业技能培训；使具备一定创业条件或已创业的贫困家庭劳动力都有机会接受1次创业培训。

（三）春潮行动。

到2020年，力争使各类农村转移就业劳动者都有机会接受1次相应的职业培训，平均每年培训800万人左右，优先保障有劳动能力的建档立卡贫困人口培训。

（四）促进建档立卡贫困劳动者就业。

根据建档立卡贫困劳动者就业情况，分类施策、精准服务。对已就业的，通过跟踪服务、落实扶持政策，促进其稳定就业。对未就业的，通过健全劳务协作机制、开发就业岗位、强化就业服务和技能培训，促进劳务输出和就地就近就业。

（五）返乡农民工创业培训行动。

实施农民工等人员返乡创业培训五年行动计划（2016—2020年），推进建档立卡贫困人口等人员返乡创业培训工作。到2020年，力争使有创业要求和培训愿望、具备一定创业条件或已创业的贫困家庭农民工等人员，都能得到1次创业培训。

（六）技能脱贫千校行动。

在全国组织千所省级重点以上的技工院校开展技能脱贫千校行动，使每个有就读技工院校意愿的贫困家庭应、往届“两后生”都能免费接受技工教育，使每个有劳动能力且有参加职业培训意愿的贫困家庭劳动力每年都能到技工院校接受至少1次免费职业培训，对接受技工教育和职业培训的贫困家庭学生（学员）推荐就业。加大政策支持，对接受技工教育的，落实助学金、免学费和对家庭给予补助的政策，制定并落实减免学生杂费、书本费和给予生活费补助的政策；对接受职业培训的，按规定落实职业培训、职业技能鉴定补贴政策。

第四章　易地搬迁脱贫

组织实施好易地扶贫搬迁工程，确保搬迁群众住房安全得到保障，饮水安全、出行、用电等基本生活条件得到明显改善，享有便利可及的教育、医疗等基本公共服务，迁出区生态环境得到有效治理，确保有劳动能力的贫困家庭后续发展有门路、转移就业有渠道、收入水平不断提高，实现建档立卡搬迁人口搬得出、稳得住、能脱贫。

第一节　精准识别搬迁对象

合理确定搬迁范围和对象。以扶贫开发建档立卡信息系统识别认定结果为依据，以生活在自然条件严酷、生存环境恶劣、发展条件严重欠缺等“一方水土养不起一方人”地区的农村建档立卡贫困人口为对象，以省级政府批准的年度搬迁进度安排为主要参考，确定易地扶贫搬迁人口总规模和年度搬迁任务。

确保建档立卡贫困人口应搬尽搬。在充分尊重群众意愿基础上，加强宣传引导和组织动员，保障搬迁资金，确保符合条件的建档立卡贫困人口应搬尽搬。统筹规划同步搬迁人口。

第二节　稳妥实施搬迁安置

因地制宜选择搬迁安置方式。根据水土资源条件、经济发展环境和城镇化进程，按照集中安置与分散安置相结合、以集中安置为主的原则选择安置方式和安置区（点）。采取集中安置的，可依托移民新村、小城镇、产业园区、旅游景区、乡村旅游区等适宜区域进行安置，并搞好配套建设。采取分散安置的，可选择"插花"、进城务工、投亲靠友等方式进行安置，也可在确保有房可住、有业可就的前提下，采取货币化方式进行安置。地方各级政府要结合本地实际，加强安置区（点）建设方案研究论证工作，将安置区（点）后续产业发展和搬迁人口就业等安排情况纳入建设方案专章表述，并做好推进落实工作。鼓励地方选择基础较好、具备条件的安置区（点），开展低碳社区建设试点。

合理确定住房建设标准。按照"保障基本、安全适用"的原则规划建设安置住房，严格执行建档立卡搬迁户人均住房建设面积不超过25平方米的标准。在稳定脱贫前，建档立卡搬迁户不得自行举债扩大安置住房建设面积。合理制定建房补助标准和相关扶持政策，鼓励地方因地制宜采取差异化补助标准。国家易地扶贫搬迁政策范围内的建房补助资金，应以建档立卡搬迁户人口数量为依据进行核算和补助，不得变相扩大或缩小补助范围。同步搬迁人口所需建房资金，由省级及以下政府统筹相关资源、农户自筹资金等解决，安置区（点）配套基础设施和公共服务设施可一并统筹规划、统一建设。

配套建设基础设施和公共服务设施。按照“规模适度、功能合理、经济安全、环境整洁、宜居宜业”的原则，配套建设安置区（点）水、电、路、邮政、基础电信网络以及污水、垃圾处理等基础设施，完善安置区（点）商业网点、便民超市、集贸市场等生活服务设施以及必要的教育、卫生、文化体育等公共服务设施。

拓展资金筹措渠道。加大中央预算内投资支持力度，创新投融资机制，安排专项建设基金和地方政府债券资金作为易地扶贫搬迁项目资本金，发行专项金融债券筹集贷款资金支持易地扶贫搬迁工作。建立或明确易地扶贫搬迁省级投融资主体和市县项目实施主体，负责资金承接运作和工程组织实施。地方政府要统筹可支配财力，用好用活城乡建设用地增减挂钩政策，支持省级投融资主体还贷。易地扶贫搬迁资金如有节余，可用于支持搬迁贫困人口后续产业发展。

第三节　促进搬迁群众稳定脱贫

大力发展安置区（点）优势产业。将安置区（点）产业发展纳入当地产业扶贫规划，统筹整合使用财政涉农资金，支持搬迁贫困人口大力发展后续产业。支持“有土安置”的搬迁户通过土地流转等方式开展适度规模经营，发展特色产业。建立完善新型农业经营主体与搬迁户的利益联接机制，确保每个建档立卡搬迁户都有脱贫致富产业或稳定收入来源。

多措并举促进建档立卡搬迁户就业增收。结合农业园区、工业园区、旅游景区和小城镇建设，引导搬迁群众从事种养加工、商贸物流、家政服务、物业管理、旅游服务等工作。在集中安置区（点）开发设立卫生保洁、水暖、电力维修等岗位，为建档立卡贫困人口提供就地就近就业机会，解决好养老保险、医疗保险等问题。鼓励工矿企业、农业龙头企业优先聘用建档立卡搬迁人口。支持安置区（点）发展物业经济，将商铺、厂房、停车场等营利性物业产权量化到建档立卡搬迁户。

促进搬迁人口融入当地社会。引导搬迁人口自力更生，积极参与住房建设、配套设施建设、安置区环境改善等工作，通过投工投劳建设美好家园。加强对易地搬迁人口的心理疏导和先进文化教育，培养其形成与新环境相适应的生产方式和生活习惯。优化安置区（点）社区管理服务，营造开放包容的社区环境，积极引导搬迁人口参与当地社区管理和服务，增强其主人翁意识和适应新生活的信心，使搬迁群众平稳顺利融入当地社会。

专栏7

易地扶贫搬迁工程

“十三五”期间，对全国22个省（区、市）约1 400个县（市、区）981万建档立卡贫困人口实施易地扶贫搬迁，按人均不超过25平方米的标准建设住房，同步开展安置区（点）配套基础设施和基本公共服务设施建设、迁出区宅基地复垦和生态修复等工作。安排中央预算内投资、地方政府债券、专项建设基金、长期贴息贷款和农户自筹等易地扶贫搬迁资金约6 000亿元。同步搬迁人口建房所需资金，以地方政府补助和农户自筹为主解决，鼓励开发银行、农业发展银行对符合条件的项目给予优惠贷款支持。在分解下达城乡建设用地增减挂钩指标时，向易地扶贫搬迁省份倾斜。允许贫困县将城乡建设用地增减挂钩节余指标在省域范围内流转使用，前期使用贷款进行拆迁安置、基础设施建设和土地复垦。

第五章 教育扶贫

以提高贫困人口基本文化素质和贫困家庭劳动力技能为抓手，瞄准教育最薄弱领域，阻断贫困的代际传递。到2020年，贫困地区基础教育能力明显增强，职业教育体系更加完善，高等教育服务能力明显提升，教育总体质量显著提高，基本公共教育服务水平接近全国平均水平。

第一节 提升基础教育水平

改善办学条件。加快完善贫困地区学前教育公共服务体系，建立健全农村学前教育服务网络，优先保障贫困家庭适龄儿童接受学前教育。全面改善义务教育薄弱学校基本办学条件，加强农村寄宿制学校建设，优化义务教育学校布局，办好必要的村小学和教学点，建立城乡统一、重在农村的义务教育经费保障机制。实施高中阶段教育普及攻坚计划，加大对普通高中和中等职业学校新建改扩建的支持力度，扩大教育资源，提高普及水平。加快推进教育信息化，扩大优质教育资源覆盖面。建立健全双语教学体系。

强化教师队伍建设。通过改善乡村教师生活待遇、强化师资培训、结对帮扶等方式，加强贫困地区师资队伍建设。建立省级统筹乡村教师补充机制，依托师范院校开展“一专多能”乡村教师培养培训，建立城乡学校教师均衡配置机制，推进县（区）域内义务教育学校校长教师交流轮岗。全面落实集中连片特困地区和边远艰苦地区乡村教师生活补助政策。加大对边远艰苦地区农村学校教师周转宿舍建设的支持力度。继续实施特岗计划，“国培计划”向贫困地区乡村教师倾斜。加大双语教师培养力度，加强国家通用语言文字教学。实施好边远贫困地区、边疆民族地区和革命老区人才支持计划教师专项计划，每年向“三区”选派3万名支教教师。建立乡村教师荣誉制度，向在乡村学校从教30年以上的教师颁发荣誉证书。

第二节　降低贫困家庭就学负担

完善困难学生资助救助政策。健全学前教育资助制度，帮助农村贫困家庭幼儿接受学前教育。稳步推进贫困地区农村义务教育学生营养改善计划。率先对建档立卡贫困家庭学生以及非建档立卡的家庭经济困难残疾学生、农村低保家庭学生、农村特困救助供养学生实施普通高中免除学杂费。完善国家奖助学金、国家助学贷款、新生入学资助、研究生“三助”（助教、助研、助管）岗位津贴、勤工助学、校内奖助学金、困难补助、学费减免等多元化高校学生资助体系，对建档立卡贫困家庭学生优先予以资助，优先推荐勤工助学岗位，做到应助尽助。

第三节　加快发展职业教育

强化职业教育资源建设。加快推进贫困地区职业院校布局结构调整，加强有专业特色并适应市场需求的职业院校建设。继续推动落实东西部联合招生，加强东西部职教资源对接。鼓励东部地区职教集团和职业院校对口支援或指导贫困地区职业院校建设。

加大职业教育力度。引导企业扶贫与职业教育相结合，鼓励职业院校面向建档立卡贫困家庭开展多种形式的职业教育。启动职教圆梦行动计划，省级教育行政部门统筹协调国家中等职业教育改革发展示范学校和国家重点中职学校选择就业前景好的专业，针对建档立卡贫困家庭子女单列招生计划。实施中等职业教育协作计划，支持建档立卡贫困家庭初中毕业生到省外经济较发达地区接受中职教育。让未升入普通高中的初中毕业生都能接受中等职业教育。鼓励职业院校开展面向贫困人口的继续教育。保障贫困家庭妇女、残疾人平等享有职业教育资源和机会。支持民族地区职业学校建设，继续办好内地西藏、新疆中等职业教育班，加强民族聚居地区少数民族特困群体国家通用语言文字培训。

加大贫困家庭子女职业教育资助力度。继续实施“雨露计划”职业教育助学补助政策，鼓励贫困家庭“两后生”就读职业院校并给予政策支持。落实好中等职业学校免学费和国家助学金政策。

专栏 8

教育扶贫工程

（一）普惠性幼儿园建设。

重点支持中西部 1 472 个区（县）农村适龄儿童入园，鼓励普惠性幼儿园发展。

（二）全面改善贫困地区义务教育薄弱学校基本办学条件。

按照“缺什么、补什么”的原则改善义务教育薄弱学校基本办学条件。力争到 2019 年底，使贫困地区所有义务教育学校均达到“20 条底线要求”。以集中连片特困地区县、国家扶贫开发工作重点县、革命老区贫困县等为重点，解决或缓解城镇学校“大班额”和农村寄宿制学校“大通铺”问题，逐步实现未达标城乡义务教育学校校舍、场所标准化。

（三）高中阶段教育普及攻坚计划。

增加中西部贫困地区尤其是集中连片特困地区高中阶段教育资源，使中西部贫困地区未升入普通高中的初中毕业生基本进入中等职业学校就读。

（四）乡村教师支持计划。

拓展乡村教师补充渠道，扩大特岗计划实施规模，鼓励省级政府建立统筹规划、统一选拔的乡村教师补充机制，推动地方研究制定符合乡村教育实际的招聘办法，鼓励地方根据需求本土化培养“一专多能”乡村教师。到2020年，对全体乡村教师校长进行360学时的培训。

（五）特殊教育发展。

鼓励有条件的特殊教育学校、取得办园许可的残疾儿童康复机构开展学前教育，支持特殊教育学校改善办学条件和建设特教资源中心（教室），为特殊教育学校配备特殊教育教学专用设备设施和仪器等。

（六）农村义务教育学生营养改善计划。

以贫困地区和家庭经济困难学生为重点，通过农村义务教育学生营养改善计划国家试点、地方试点、社会参与等方式，逐步改善农村义务教育学生营养状况。中央财政为纳入营养改善计划国家试点的农村义务教育学生按每生每天4元（800元/年）的标准提供营养膳食补助。鼓励地方开展营养改善计划地方试点，中央财政给予适当奖补。

第四节　提高高等教育服务能力

提高贫困地区高等教育质量。支持贫困地区优化高等学校布局，调整优化学科专业结构。中西部高等教育振兴计划、长江学者奖励计划、高等学校青年骨干教师国内访问学者项目等国家专项计划，适当向贫困地区倾斜。

继续实施高校招生倾斜政策。加快推进高等职业院校分类考试招生，同等条件下优先录取建档立卡贫困家庭学生。继续实施重点高校面向贫困地区定向招生专项计划，形成长效机制，畅通贫困地区学生纵向流动渠道。

高校招生计划和支援中西部地区招生协作计划向贫困地区倾斜。支持普通高校适度扩大少数民族预科班和民族班规模。

第六章　健 康 扶 贫

改善贫困地区医疗卫生机构条件，提升服务能力，缩小区域间卫生资源配置差距，基本医疗保障制度进一步完善，建档立卡贫困人口大病和慢性病得到及时有效救治，就医费用个人负担大幅减轻，重大传染病和地方病得到有效控制，基本公共卫生服务实现均等化，因病致贫返贫问题得到有效解决。

第一节　提升医疗卫生服务能力

加强医疗卫生服务体系建设。按照“填平补齐”原则，加强县级医院、乡镇卫生院、村卫生室等基层医疗卫生机构以及疾病预防控制和精神卫生、职业病防治、妇幼保健等专业公共卫生机构能力建设，提高基本医疗及公共卫生服务水平。加强常见病、多发病相关专业和临床专科建设。加强远程医疗能力建设，实现城市诊疗资源和咨询服务向贫困县延伸，县级医院与县域内各级各类医疗卫生服务机构互联互通。鼓励新医疗技术服务贫困人口。在贫困地区优先实施基层中医药服务能力提升工程“十三五”行动计划。实施全国三级医院与贫困县县级医院“一对一”帮扶行动。到2020年，每个贫困县至少有1所医院达到二级医院标准，每个30万人口以上的贫困县至少有1所医院达到二级甲等水平。

深化医药卫生体制改革。深化公立医院综合改革。在符合医疗行业特点的薪酬改革方案出台前，贫困县可先行探索制定公立医院绩效工资总量核定办法。制定符合基层实际的人才招聘引进办法，赋予贫困地区医疗卫生机构一定自主招聘权。加快健全药品供应保障机制，统筹做好县级医院与基层医疗卫生机构的药品供应配送管理工作。进一步提高乡村医生的养老待遇。推进建立分级诊疗制度，到2020年，县域内就诊率提高到90%左右。

强化人才培养培训。以提高培养质量为核心，支持贫困地区高等医学教育发展，加大本专科农村订单定向医学生免费培养力度。以全科医生为重点，加强各类医疗卫生人员继续医学教育，推行住院医师规范化培训、助理全科医生培训，做好全科医生和专科医生特设岗位计划实施工作，制定符合基层实际的人才招聘引进办法，提高薪酬待遇。组织开展适宜医疗卫生技术推广。

支持中医药和民族医药事业发展。加强中医医院、民族医医院、民族医特色专科能力建设，加快民族药药材和制剂标准化建设。加强民族医药基础理论和临床应用研究。加强中医、民族医医师和城乡基层中医、民族医药专业技术人员培养培训，培养一批民族医药学科带头人。加强中药民族药资源保护利用。将更多具有良好疗效的特色民族药药品纳入国家基本医疗保险药品目录。

第二节　提高医疗保障水平

降低贫困人口大病、慢性病费用支出。加强基本医疗保险、大病保险、医疗救助、疾病应急救助等制度的有效衔接。建档立卡贫困人口参加城乡居民基本医疗保险个人缴费部分由财政通过城乡医疗救助给予补贴，全面推开城乡居民基本医疗保险门诊统筹，提高政策范围内住院费用报销比例。城乡居民基本医疗保险新增筹资主要用于提高城乡居民基本医疗保障水平，逐步降低贫困人口大病保险起付线。在基本医疗保险报销范围基础上，确定合规医疗费用范围，减轻贫困人口医疗费用负担。加大医疗救助力度，将贫困人口全部纳入重特大疾病医疗救助范围。对突发重大疾病暂时无法获得家庭支持导致基本生活出现严重困难的贫困家庭患者，加大临时救助力度。支持引导社会慈善力量参与医疗救助。在贫困地区先行推进以按病种付费为主的医保支付方式改革，逐步扩大病种范围。

实行贫困人口分类救治。优先为建档立卡贫困人口单独建立电子健康档案和健康卡，推动基层医疗卫生机构提供基本医疗、公共卫生和健康管理等签约服务。以县为单位，进一步核实因病致贫返贫家庭及患病人员情况，对贫困家庭大病和慢性病患者实行分类救治，为有需要的贫困残疾人提供基本康复服务。贫困患者在县域内定点医疗机构住院的，实行先诊疗后付费的结算机制，有条件的地方可探索市域和省域内建档立卡贫困人口先诊疗后付费的结算机制。

第三节　加强疾病预防控制和公共卫生

加大传染病、地方病、慢性病防控力度。全面完成已查明氟、砷超标地区改水工程建设。对建档立卡贫困人口食用合格碘盐给予政府补贴。综合防治大骨节病和克山病等重点地方病，加大对包虫病、布病等人畜共患病的防治力度，加强对艾滋病、结核病疫情防控，加强肿瘤随访登记，扩大癌症筛查和早诊早治覆盖面，加强严重精神障碍患者筛查登记、救治救助和服务管理。治贫治毒相结合，从源头上治理禁毒重点整治地区贫困县的毒品问题。

全面提升妇幼健康服务水平。在贫困地区全面实施农村妇女“两癌”（乳腺癌和宫颈癌）免费筛查项目，加大对贫困患者的救助力度。全面实施免费孕前优生健康检查、农村妇女增补叶酸预防神经管缺陷、新生儿疾病筛查等项目。提升孕产妇和新生儿危急重症救治能力。全面实施贫困地区儿童营养改善项目。实施0—6岁贫困残疾儿童康复救助项目，提供基本辅助器具。加强计划生育工作。

深入开展爱国卫生运动。加强卫生城镇创建活动，持续深入开展城乡环境卫生整洁行动，重点加强农村垃圾和污水处理设施建设，有效提升贫困地区人居环境质量。加快农村卫生厕所建设进程，坚持因地制宜、集中连片、整体推进农村改厕工作，力争到2020年农村卫生厕所普及率达到85%以上。加强健康促进和健康教育工作，广泛宣传居民健康素养基本知识和技能，使其形成良好卫生习惯和健康生活方式。

专栏9

健康扶贫工程

（一）城乡居民基本医疗保险和大病保险。

从2016年起，对建档立卡贫困人口、农村低保对象和特困人员实行倾斜性支持政策，降低特殊困难人群大病保险报销起付线、提高大病保险报销比例，减少贫困人口大病费用个人实际支出。选择部分大病实行单病种付费，医疗费用主要由医疗保险、大病保险、医疗救助按规定比例报销。将符合条件的残疾人医疗康复项目按规定纳入基本医疗保险支付范围。

（二）农村贫困人口大病慢性病救治。

继续实施光明工程，为贫困家庭白内障患者提供救治，费用通过医保等渠道解决，鼓励慈善组织参与。从2016年起，对贫困家庭患有儿童急性淋巴细胞白血病、儿童先天性心脏房间隔缺损、食管癌等疾病的患者进行集中救治。

（三）全国三级医院与贫困县县级医院“一对一”帮扶行动。

组织全国889家三级医院（含军队和武警部队医院）对口帮扶集中连片特困地区县和国家扶贫开发工作重点县县级医院。采用“组团式”支援方式，向县级医院派驻1名院长或者副院长及医务人员组成的团队驻点帮扶，重点加强近3年外转率前5—10位病种的临床专科能力建设，推广适宜县级医院开展的医疗技术。定期派出医疗队，为贫困人口提供集中诊疗服务。建立帮扶双方远程医疗平台，开展远程诊疗服务。

（四）贫困地区县乡村三级医疗卫生服务网络标准化建设工程。

到2020年，每个贫困县至少有1所县级公立医院，每个乡镇有1所标准化乡镇卫生院，每个行政村有1个卫生室。在乡镇卫生院和社区卫生服务中心建立中医综合服务区。

（五）重特大疾病医疗救助行动。

将重特大疾病医疗救助对象范围从农村低保对象、特困人员拓展到低收入家庭的老年人、未成年人、重度残疾人和重病患者，积极探索对因病致贫返贫家庭重病患者实施救助，重点加大对符合条件的重病、重残儿童的救助力度。综合考虑患病家庭负担能力、个人自负费用、当地筹资等情况，分类分段设置救助比例和最高救助限额。

（六）医疗救助与基本医疗保险、大病保险等“一站式”结算平台建设。

贫困地区逐步实现医疗救助与基本医疗保险、大病保险、疾病应急救助、商业保险等信息管理平台互联互通，广泛开展“一站式”即时结算。

第七章　生态保护扶贫

处理好生态保护与扶贫开发的关系，加强贫困地区生态环境保护与治理修复，提升贫困地区可持续发展能力。逐步扩大对贫困地区和贫困人口的生态保护补偿，增设生态公益岗位，使贫困人口通过参与生态保护实现就业脱贫。

第一节　加大生态保护修复力度

加强生态保护与建设。加快改善西南山区、西北黄土高原等水土流失状况，加强林草植被保护与建设。加大三北等防护林体系建设工程、天然林资源保护、水土保持等重点工程实施力度。加大新一轮退耕还林还草工程实施力度，加强生态环境改善与扶贫协同推进。在重点区域推进京津风沙源治理、岩溶地区石漠化治理、青海三江源保护等山水林田湖综合治理工程，遏制牧区、农牧结合贫困地区土壤沙化退化趋势，缓解土地荒漠化、石漠化，组织动员贫困人口参与生态保护建设工程，提高贫困人口受益水平，结合国家重大生态工程建设，因地制宜发展舍饲圈养和设施农业，大力发展具有经济效益的生态林业产业。

开展水土资源保护。加强贫困地区耕地和永久基本农田保护，建立和完善耕地与永久基本农田保护补偿机制，推进耕地质量保护与提升。全面推广测土配方施肥技术和水肥一体化技术。加强农膜残膜回收，积极推广可降解农膜。开展耕地轮作休耕试点。鼓励在南方贫困地区开发利用冬闲田、秋闲田，种植肥田作物。优先将大兴安岭南麓山区内黑土流失地区等地区列入综合治理示范区。加强江河源头和水源涵养区保护，推进重点流域水环境综合治理，严禁农业、工业污染物向水体超标排放。

专栏 10

重大生态建设扶贫工程

（一）退耕还林还草工程。

在安排新一轮退耕还林还草任务时，向扶贫开发任务重、贫困人口较多的省份倾斜。各有关省份要进一步向贫困地区集中，向建档立卡贫困村、贫困人口倾斜。

（二）退牧还草工程。

继续在内蒙古、辽宁、吉林、黑龙江、四川、贵州、云南、西藏、陕西、甘肃、青海、宁夏、新疆和新疆生产建设兵团实施退牧还草工程，并向贫困地区、贫困人口倾斜，合理调整任务实施范围，促进贫困县脱贫攻坚。

（三）青海三江源生态保护和建设二期工程。

继续加强三江源草原、森林、荒漠、湿地与湖泊生态系统保护和建设，治理范围从 15.2 万平方公里扩大至 39.5 万平方公里，从根本上遏制生态整体退化趋势，促进三江源地区可持续发展。

（四）京津风沙源治理工程。

继续加强燕山—太行山区、吕梁山区等贫困地区的工程建设，建成京津及周边地区的绿色生态屏障，沙尘天气明显减少，农牧民生产生活条件全面改善。

（五）天然林资源保护工程。

扩大天然林保护政策覆盖范围，全面停止天然林商业性采伐，逐步提高补助标准，加大对贫困地区的支持。

（六）三北等防护林体系建设工程。

优先安排贫困地区三北、长江、珠江、沿海、太行山等防护林体系建设，加大森林经营力度，推进退化林修复，提升森林质量、草原综合植被盖度和整体生态功能，遏制水土流失。加强农田防护林建设，营造农田林网，加强村镇绿化，提升平原农区防护林体系综合功能。

（七）水土保持重点工程。

加大长江和黄河上中游、西南岩溶区、东北黑土区等重点区域水土流失治理力度，加快推进坡耕地、侵蚀沟治理工程建设，有效改善贫困地区农业生产生活条件。

（八）岩溶地区石漠化综合治理工程。

继续加大滇桂黔石漠化区、滇西边境山区、乌蒙山区和武陵山区等贫困地区石漠化治理力度，恢复林草植被，提高森林质量，统筹利用水土资源，改善农业生产条件，适度发展草食畜牧业。

（九）沙化土地封禁保护区建设工程。

继续在内蒙古、西藏、陕西、甘肃、青海、宁夏、新疆等省（区）推进沙化土地封禁保护区建设，优先将832个贫困县中适合开展沙化土地封禁保护区建设的县纳入建设范围，实行严格的封禁保护。

（十）湿地保护与恢复工程。

对全国重点区域的自然湿地和具有重要生态价值的人工湿地，实行优先保护和修复，扩大湿地面积。对东北生态保育区、长江经济带生态涵养带、京津冀生态协同圈、黄土高原—川滇生态修复带的国际重要湿地、湿地自然保护区和国家湿地公园及其周边范围内非基本农田，实施退耕（牧）还湿、退养还滩。

（十一）农牧交错带已垦草原综合治理工程。

在河北、山西、内蒙古、甘肃、宁夏、新疆开展农牧交错带已垦撂荒地治理，通过建植多年生人工草地，提高治理区植被覆盖率和饲草生产、储备、利用能力，保护和恢复草原生态，促进农业结构优化、草畜平衡，实现当地可持续发展。

第二节　建立健全生态保护补偿机制

建立稳定生态投入机制。中央财政加大对国家重点生态功能区中贫困县的转移支付力度，扩大政策实施范围，完善转移支付补助办法，逐步提高对重点生态功能区生态保护与恢复的资金投入水平。

探索多元化生态保护补偿方式。根据“谁受益、谁补偿”原则，健全生态保护补偿机制。在贫困地区开展生态综合补偿试点，逐步提高补偿标准。健全各级财政森林生态效益补偿标准动态调整机制。研究制定鼓励社会力量参与防沙治沙的政策措施。推进横向生态保护补偿，鼓励受益地区与保护地区、流域下游与上游建立横向补偿关系。探索碳汇交易、绿色产品标识等市场化补偿方式。

设立生态公益岗位。中央财政调整生态建设和补偿资金支出结构，支持在贫困县以政府购买服务或设立生态公益岗位的方式，以森林、草原、湿地、沙化土地管护为重点，让贫困户中有劳动能力的人员参加生态管护工作。充实完善国家公园的管护岗位，增加国家公园、国家级自然保护区、国家级风景名胜区周边贫困人口参与巡护和公益服务的就业机会。

专栏 11

生态保护补偿

（一）森林生态效益补偿。

健全各级财政森林生态效益补偿标准动态调整机制，依据国家公益林权属实行不同的补偿标准。

（二）草原生态保护补助奖励。

在内蒙古、新疆、西藏、青海、四川、甘肃、宁夏、云南、山西、河北、黑龙江、辽宁、吉林等13个省（区）和新疆生产建设兵团、黑龙江农垦总局的牧区半牧区县实施草原生态保护补助奖励。中央财政按照每亩每年7.5元的测算标准，对禁牧和禁牧封育的牧民给予补助，补助周期5年；实施草畜平衡奖励，中央财政对未超载放牧牧民按照每亩每年2.5元的标准给予奖励。

（三）跨省流域生态保护补偿试点。

在新安江、南水北调中线源头及沿线、京津冀水源涵养区、九洲江、汀江—韩江、东江、西江等开展跨省流域生态保护补偿试点工作。

（四）生态公益岗位脱贫行动。

通过购买服务、专项补助等方式，在贫困县中选择一批能胜任岗位要求的建档立卡贫困人口，为其提供生态护林员、草管员、护渔员、护堤员等岗位。在贫困县域内的553处国家森林公园、湿地公园和国家级自然保护区，优先安排有劳动能力的建档立卡贫困人口从事森林管护、防火和服务。

第八章　兜底保障

统筹社会救助体系，促进扶贫开发与社会保障有效衔接，完善农村低保、特困人员救助供养等社会救助制度，健全农村“三留守”人员和残疾人关爱服务体系，实现社会保障兜底。

第一节　健全社会救助体系

完善农村最低生活保障制度。完善低保对象认定办法，建立农村低保家庭贫困状况评估指标体系，将符合农村低保条件的贫困家庭全部纳入农村低保范围。加大省级统筹工作力度，动态调整农村低保标准，确保2020年前所有地区农村低保标准逐步达到国家扶贫标准。加强农村低保与扶贫开发及其他脱贫攻坚相关政策的有效衔接，引导有劳动能力的低保对象依靠自身努力脱贫致富。

统筹社会救助资源。指导贫困地区健全特困人员救助供养制度，全面实施临时救助制度，积极推进最低生活保障制度与医疗救助、教育救助、住房救助、就业救助等专项救助制度衔接配套，推动专项救助在保障低保对象的基础上向低收入群众适当延伸，逐步形成梯度救助格局，为救助对象提供差别化的救助。合理划分中央和地方政府的社会救助事权和支出责任，统筹整合社会救助资金渠道，提升社会救助政策和资金的综合效益。

第二节　逐步提高贫困地区基本养老保障水平

坚持全覆盖、保基本、有弹性、可持续的方针，统筹推进城乡养老保障体系建设，指导贫困地区全面建成制度名称、政策标准、管理服务、信息系统“四统一”的城乡居民养老保险制度。探索建立适应农村老龄化形势的养老服务模式。

第三节 健全“三留守”人员和残疾人关爱服务体系

完善“三留守”人员服务体系。组织开展农村留守儿童、留守妇女、留守老人摸底排查工作。推动各地通过政府购买服务、政府购买基层公共管理和社会服务岗位、引入社会工作专业人才和志愿者等方式，为“三留守”人员提供关爱服务。加强留守儿童关爱服务设施和队伍建设，建立留守儿童救助保护机制和关爱服务网络。加强未成年人社会保护和权益保护工作。研究制定留守老年人关爱服务政策措施，推进农村社区日间照料中心建设，提升农村特困人员供养服务机构托底保障能力和服务水平。支持各地农村幸福院等社区养老服务设施建设和运营，开展留守老年人关爱行动。加强对“三留守”人员的生产扶持、生活救助和心理疏导。进一步加强对贫困地区留守妇女技能培训和居家灵活就业创业的扶持，切实维护留守妇女权益。

完善贫困残疾人关爱服务体系。将残疾人普遍纳入社会保障体系予以保障和扶持。支持发展残疾人康复、托养、特殊教育，实施残疾人重点康复项目，落实困难残疾人生活补贴和重度残疾人护理补贴制度。加强贫困残疾人实用技术培训，优先扶持贫困残疾人家庭发展生产，支持引导残疾人就业创业。

专栏 12

兜底保障

（一）农村低保标准动态调整。

省级人民政府统筹制定农村低保标准动态调整方案，确保所有地区农村低保标准逐步达到国家扶贫标准。进一步完善农村低保标准与物价上涨挂钩联动机制。

（二）农村低保与扶贫开发衔接。

将符合农村低保条件的建档立卡贫困户纳入低保范围，将符合扶贫条件的农村低保家庭纳入建档立卡范围。对不在建档立卡范围内的农村低保家庭、特困人员，各地统筹使用相关扶贫开发政策。对返贫家庭，按规定程序审核后分别纳入临时救助、医疗救助、农村低保等社会救助制度和建档立卡贫困户扶贫开发政策覆盖范围。

第九章　社 会 扶 贫

发挥东西部扶贫协作和中央单位定点帮扶的引领示范作用，凝聚国际国内社会各方面力量，进一步提升贫困人口帮扶精准度和帮扶效果，形成脱贫攻坚强大合力。

第一节　东西部扶贫协作

开展多层次扶贫协作。以闽宁协作模式为样板，建立东西部扶贫协作与建档立卡贫困村、贫困户的精准对接机制，做好与西部地区脱贫攻坚规划的衔接，确保产业合作、劳务协作、人才支援、资金支持精确瞄准建档立卡贫困人口。东部省份要根据财力增长情况，逐步增加对口帮扶财政投入，并列入年度预算。东部各级党政机关、人民团体、企事业单位、社会组织、各界人士等要积极参与扶贫协作工作。西部地区要整合用好扶贫协作等各类资源，聚焦脱贫攻坚，形成脱贫合力。启动实施东部省份经济较发达县（市）与对口帮扶省份贫困县“携手奔小康”行动，着力推动县与县精准对接。探索东西部乡镇、行政村之间结对帮扶。协作双方每年召开高层联席会议。

拓展扶贫协作有效途径。注重发挥市场机制作用，推动东部人才、资金、技术向贫困地区流动。鼓励援助方利用帮扶资金设立贷款担保基金、风险保障基金、贷款贴息资金和中小企业发展基金等，支持发展特色产业，引导省内优势企业到受援方创业兴业。鼓励企业通过量化股份、提供就业等形式，带动当地贫困人口脱贫增收。鼓励东部地区通过共建职业培训基地、开展合作办学、实施定向特招等形式，对西部地区贫困家庭劳动力进行职业技能培训，并提供就业咨询服务。帮扶双方要建立和完善省市协调、县乡组织、职校培训、定向安排、跟踪服务的劳务协作对接机制，提高劳务输出脱贫的组织化程度。以县级为重点，加强协作双方党政干部挂职交流。采取双向挂职、两地培训等方式，加大对西部地区特别是基层干部、贫困村创业致富带头人的培训力度。支持东西部学校、医院建立对口帮扶关系。建立东西部扶贫协作考核评价机制，重点考核带动贫困人口脱贫成效，西部地区也要纳入考核范围。

第二节 定点帮扶

明确定点扶贫目标任务。结合当地脱贫攻坚规划，制定各单位定点帮扶工作年度计划，以帮扶对象稳定脱贫为目标，实化帮扶举措，提升帮扶成效。各单位选派优秀中青年干部到定点扶贫县挂职、担任贫困村第一书记。省、市、县三级党委政府参照中央单位做法，组织党政机关、企事业单位开展定点帮扶工作。完善定点扶贫牵头联系机制，各牵头单位要落实责任人，加强工作协调，督促指导联系单位做好定点扶贫工作，协助开展考核评价工作。

专栏 13

中央单位定点扶贫工作牵头联系单位和联系对象

中央直属机关工委牵头联系中央组织部、中央宣传部等 43 家中直机关单位；中央国家机关工委牵头联系外交部、国家发展改革委、教育部等 81 家中央国家机关单位；中央统战部牵头联系民主党派中央和全国工商联。教育部牵头联系北京大学、清华大学、中国农业大学等 44 所高校；人民银行牵头联系中国工商银行、中国农业银行、中国银行等 24 家金融机构和银监会、证监会、保监会；国务院国资委牵头联系中国核工业集团公司、中国核工业建设集团公司、中国航天科技集团公司等 103 家中央企业；中央军委政治工作部牵头联系解放军和武警部队有关单位；中央组织部牵头联系各单位选派挂职扶贫干部和第一书记工作。

第三节 企业帮扶

强化国有企业帮扶责任。深入推进中央企业定点帮扶贫困革命老区“百县万村”活动。用好贫困地区产业发展基金。引导中央企业设立贫困地区产业投资基金，采取市场化运作，吸引企业到贫困地区从事资源开发、产业园区建设、新型城镇化发展等。继续实施“同舟工程——中央企业参与‘救急难’行动”，充分发挥中央企业在社会救助工作中的补充作用。地方政府要动员本地国有企业积极承担包村帮扶等扶贫开发任务。

引导民营企业参与扶贫开发。充分发挥工商联的桥梁纽带作用，以点带面，鼓励引导民营企业和其他所有制企业参与扶贫开发。组织开展“万企帮万村”精准扶贫行动，引导东部地区的民营企业在东西部扶贫协作框架下结对帮扶西部地区贫困村。鼓励有条件的企业设立扶贫公益基金、开展扶贫慈善信托。完善对龙头企业参与扶贫开发的支持政策。吸纳贫困人口就业的企业，按规定享受职业培训补贴等就业支持政策，落实相关税收优惠。设立企业扶贫光荣榜，并向社会公告。

专栏14

企业扶贫重点工程

（一）中央企业定点帮扶贫困革命老区“百县万村”活动。

66家中央企业在定点帮扶的108个革命老区贫困县和贫困村中，建设一批水、电、路等小型基础设施项目，加快老区脱贫致富步伐。

（二）同舟工程。

中央企业结合定点扶贫工作，对因遭遇突发紧急事件或意外事故，致使基本生活陷入困境乃至面临生存危机的群众，特别是对医疗负担沉重的困难家庭、因病致贫返贫家庭，开展“救急难”行动，实施精准帮扶。

（三）“万企帮万村”精准扶贫行动。

动员全国1万家以上民营企业，采取产业扶贫、就业扶贫、公益扶贫等方式，帮助1万个以上贫困村加快脱贫进程，为打赢脱贫攻坚战贡献力量。

第四节　军 队 帮 扶

构建整体帮扶体系。把地方所需、群众所盼与部队所能结合起来，优先扶持家境困难的军烈属、退役军人等群体。中央军委机关各部门（不含直属机构）和副战区级以上单位机关带头做好定点帮扶工作。省军区系统和武警总队帮扶本辖区范围内相关贫困村脱贫。驻贫困地区作战部队实施一批具体扶贫项目和扶贫产业，部队生活物资采购注重向贫困地区倾斜。驻经济发达地区部队和有关专业技术单位根据实际承担结对帮扶任务。

发挥部队帮扶优势。发挥思想政治工作优势，深入贫困地区开展脱贫攻坚宣传教育，组织军民共建活动，传播文明新风，丰富贫困人口精神文化生活。发挥战斗力突击力优势，积极支持和参与农业农村基础设施建设、生态环境治理、易地扶贫搬迁等工作。发挥人才培育优势，配合实施教育扶贫工程，接续做好“八一爱民学校”援建工作，组织开展“1+1”“N+1”等结对助学活动，团级以上干部与贫困家庭学生建立稳定帮扶关系。采取军地联训、代培代训等方式，帮助贫困地区培养实用人才，培育一批退役军人和民兵预备役人员致富带头人。发挥科技、医疗等资源优势，促进军民两用科技成果转化运用，组织 87 家军队和武警部队三级医院对口帮扶 113 家贫困县县级医院，开展送医送药和巡诊治病活动。帮助革命老区加强红色资源开发，培育壮大红色旅游产业。

第五节　社会组织和志愿者帮扶

广泛动员社会力量帮扶。支持社会团体、基金会、社会服务机构等各类组织从事扶贫开发事业。建立健全社会组织参与扶贫开发的协调服务机制，构建社会扶贫信息服务网络。以各级脱贫攻坚规划为引导，鼓励社会组织扶贫重心下移，促进帮扶资源与贫困户精准对接帮扶。支持社会组织通过公开竞争等方式，积极参加政府面向社会购买扶贫服务工作。鼓励和支持社会组织参与扶贫资源动员、资源配置使用、绩效论证评估等工作，支持其承担扶贫项目实施。探索发展公益众筹扶贫模式。着力打造扶贫公益品牌。鼓励社会组织在贫困地区大力倡导现代文明理念和生活方式，努力满足贫困人口的精神文化需求。制定出台社会组织参与脱贫攻坚的指导性文件，从国家层面予以指导。建立健全社会扶贫监测评估机制，创新监测评估方法，及时公开评估结果，增强社会扶贫公信力和影响力。

进一步发挥社会工作专业人才和志愿者扶贫作用。制定出台支持专业社会工作和志愿服务力量参与脱贫攻坚专项政策。实施社会工作专业人才服务贫困地区系列行动计划。鼓励发达地区社会工作专业人才和社会工作服务机构组建专业服务团队、兴办社会工作服务机构，为贫困地区培养和选派社会工作专业人才。实施脱贫攻坚志愿服务行动计划。鼓励支持青年学生、专业技术人员、退休人员和社会各界人士参与扶贫志愿者行动。充分发挥中国志愿服务联合会、中华志愿者协会、中国青年志愿者协会、中国志愿服务基金会和中国扶贫志愿服务促进会等志愿服务行业组织的作用，构建扶贫志愿者服务网络。

办好扶贫日系列活动。在每年的 10 月 17 日全国扶贫日期间举办专题活动，动员全社会力量参与脱贫攻坚。举办减贫与发展高层论坛，开展表彰活动，做好宣传推介。从 2016 年起，在脱贫攻坚期设立“脱贫攻坚奖”，表彰为脱贫攻坚做出重要贡献的个人。每年发布《中国的减贫行动与人权进步》白皮书。组织各省（区、市）结合自身实际开展社会公募、慰问调研等系列活动。

专栏 15

社会工作专业人才和志愿者帮扶

（一）社会工作专业人才服务贫困地区系列行动计划。

实施社会工作专业人才服务“三区”行动计划，每年向边远贫困地区、边疆民族地区和革命老区选派 1 000 名社会工作专业人才，为“三区”培养 500 名社会工作专业人才。积极实施农村留守人员残疾人社会关爱行动、城市流动人口社会融入计划、特困群体社会关怀行动、发达地区与贫困地区牵手行动、重大自然灾害与突发事件社会工作服务支援行动，支持社会工作服务机构和社会工作者为贫困地区农村各类特殊群体提供有针对性的服务。

（二）脱贫攻坚志愿服务行动计划。

实施扶贫志愿者行动计划，每年动员不少于 1 万人次到贫困地区参与扶贫开发，开展扶贫服务工作。以“扶贫攻坚”志愿者行动项目、“邻里守望”志愿服务行动、扶贫志愿服务品牌培育行动等为重点，支持有关志愿服务组织和志愿者选择贫困程度深的建档立卡贫困村、贫困户和特殊困难群体，在教育、医疗、文化、科技领域开展精准志愿服务行动。以空巢老人、残障人士、农民工及困难职工、留守儿童等群体为重点，开展生活照料、困难帮扶、文体娱乐、技能培训等方面的志愿帮扶活动。通过政府购买服务、公益创投、社会资助等方式，引导支持志愿服务组织和志愿者参与扶贫志愿服务，培育发展精准扶贫志愿服务品牌项目。

第六节 国际交流合作

坚持“引进来”和“走出去”相结合，加强国际交流合作。引进资金、信息、技术、智力、理念、经验等国际资源，服务我国扶贫事业。通过对外援助、项目合作、技术扩散、智库交流等形式，加强与发展中国家和国际机构在减贫领域的交流合作，加强减贫知识分享，加大南南合作力度，增强国际社会对我国精准扶贫、精准脱贫基本方略的认同，提升国际影响力和话语权。组织实施好世界银行第六期贷款、中国贫困片区儿童减贫与综合发展、减贫国际合作等项目。响应联合国2030年可持续发展议程。

第十章 提升贫困地区区域发展能力

以革命老区、民族地区、边疆地区、集中连片特困地区为重点，整体规划，统筹推进，持续加大对集中连片特困地区的扶贫投入力度，切实加强交通、水利、能源等重大基础设施建设，加快解决贫困村通路、通水、通电、通网络等问题，贫困地区区域发展环境明显改善，“造血”能力显著提升，基本公共服务主要领域指标接近全国平均水平，为2020年解决区域性整体贫困问题提供有力支撑。

第一节 继续实施集中连片特困地区规划

统筹推进集中连片特困地区规划实施。组织实施集中连片特困地区区域发展与扶贫攻坚“十三五”省级实施规划，片区重大基础设施和重点民生工程要优先纳入“十三五”相关专项规划和年度计划，集中建设一批区域性重大基础设施和重大民生工程，明显改善片区区域发展环境、提升自我发展能力。

完善片区联系协调机制。进一步完善片区联系工作机制，全面落实片区联系单位牵头责任，充分发挥部省联系会议制度功能，切实做好片区区域发展重大事项的沟通、协调、指导工作。强化片区所在省级政府主体责任，组织开展片区内跨行政区域沟通协调，及时解决片区规划实施中存在的问题和困难，推进片区规划各项政策和项目尽快落地。

第二节　着力解决区域性整体贫困问题

大力推进革命老区、民族地区、边疆地区脱贫攻坚。加大脱贫攻坚力度，支持革命老区开发建设，推进实施赣闽粤原中央苏区、左右江、大别山、陕甘宁、川陕等重点贫困革命老区振兴发展规划，积极支持沂蒙、湘鄂赣、太行、海陆丰等欠发达革命老区加快发展。扩大对革命老区的财政转移支付规模。加快推进民族地区重大基础设施项目和民生工程建设，实施少数民族特困地区和特困群体综合扶贫工程，出台人口较少民族整体脱贫的特殊政策措施。编制边境扶贫专项规划，采取差异化政策，加快推进边境地区基础设施和社会保障设施建设，集中改善边民生产生活条件，扶持发展边境贸易和特色经济，大力推进兴边富民行动，使边民能够安心生产生活、安心守边固边。加大对边境地区的财政转移支付力度，完善边民补贴机制。加大中央投入力度，采取特殊扶持政策，推进西藏、四省藏区和新疆南疆四地州脱贫攻坚。

推动脱贫攻坚与新型城镇化发展相融合。支持贫困地区基础条件较好、具有特色资源的县城和特色小镇加快发展，打造一批休闲旅游、商贸物流、现代制造、教育科技、传统文化、美丽宜居小镇。结合中小城市、小城镇发展进程，加快户籍制度改革，有序推动农业转移人口市民化。统筹规划贫困地区城乡基础设施网络，促进水电路气信等基础设施城乡联网、生态环保设施城乡统一布局建设。推进贫困地区无障碍环境建设。推动城镇公共服务向农村延伸，逐步实现城乡基本公共服务制度并轨、标准统一。

推进贫困地区区域合作与对外开放。推动贫困地区深度融入“一带一路”建设、京津冀协同发展、长江经济带发展三大国家战略，与有关国家级新区、自主创新示范区、自由贸易试验区、综合配套改革试验区建立紧密合作关系，打造区域合作和产业承接发展平台，探索发展“飞地经济”，引导发达地区劳动密集型等产业优先向贫困地区转移。支持贫困地区具备条件的地方申请设立海关特殊监管区域，积极承接加工贸易梯度转移。拓展贫困地区招商引资渠道，利用外经贸发展专项资金促进贫困地区外经贸发展，优先支持贫困地区项目申报借用国外优惠贷款。鼓励贫困地区培育和发展会展平台，提高知名度和影响力。加快边境贫困地区开发开放，加强内陆沿边地区口岸基础设施建设，开辟跨境多式联运交通走廊，促进边境经济合作区、跨境经济合作区发展，提升边民互市贸易便利化水平。

专栏 16

特殊类型地区发展重大行动

（一）革命老区振兴发展行动。

规划建设一批铁路、高速公路、支线机场、水利枢纽、能源、信息基础设施工程，大力实施天然林保护、石漠化综合治理、退耕还林还草等生态工程，支持风电、水电等清洁能源开发，建设一批红色旅游精品线路。

（二）民族地区奔小康行动。

推进人口较少民族整族整村精准脱贫。对陆地边境抵边一线乡镇因守土戍边不宜易地扶贫搬迁的边民，采取就地就近脱贫措施。实施少数民族特色村镇保护与发展工程，重点建设一批少数民族特色村寨和民族特色小镇。支持少数民族传统手工艺品保护与发展。

（三）沿边地区开发开放行动。

实施沿边地区交通基础设施改造提升工程；实施产业兴边工程，建设跨境旅游合作区和边境旅游试验区；实施民生安边工程，完善边民补贴机制。

第三节　加强贫困地区重大基础设施建设

构建外通内联交通骨干通道。加强革命老区、民族地区、边疆地区、集中连片特困地区对外运输通道建设，推动国家铁路网、国家高速公路网连接贫困地区的重大交通项目建设，提高国道省道技术标准，构建贫困地区外通内联的交通运输通道。加快资源丰富和人口相对密集贫困地区开发性铁路建设。完善贫困地区民用机场布局规划，加快支线机场、通用机场建设。在具备水资源开发条件的贫困地区，统筹内河航电枢纽建设和航运发展，提高通航能力。形成布局科学、干支结合、结构合理的区域性综合交通运输网络。在自然条件复杂、灾害多发且人口相对密集的贫困地区，合理布局复合多向、灵活机动的保障性运输通道。依托我国与周边国家互联互通重要通道，推动沿边贫困地区交通基础设施建设。

着力提升重大水利设施保障能力。加强重点水源、大中型灌区续建配套节水改造等工程建设，逐步解决贫困地区工程性缺水和资源性缺水问题，着力提升贫困地区供水保障能力。按照“确有需要、生态安全、可以持续”的原则，科学开展水利扶贫项目前期论证，在保护生态的前提下，提高水资源开发利用水平。加大贫困地区控制性枢纽建设、中小河流和江河重要支流治理、抗旱水源建设、山洪灾害防治、病险水库（闸）除险加固、易涝地区治理力度，坚持工程措施与非工程措施结合，加快灾害防治体系建设。

优先布局建设能源工程。积极推动能源开发建设，煤炭、煤电、核电、油气、水电等重大项目，跨区域重大能源输送通道项目，以及风电、光伏等新能源项目，同等条件下优先在贫困地区规划布局。加快贫困地区煤层气（煤矿瓦斯）产业发展。统筹研究贫困地区煤电布局，继续推进跨省重大电网工程和天然气管道建设。加快推进流域龙头水库和金沙江、澜沧江、雅砻江、大渡河、黄河上游等水电基地重大工程建设，努力推动怒江中下游水电基地开发，支持离网缺电贫困地区小水电开发，重点扶持西藏、四省藏区和少数民族贫困地区小水电扶贫开发工作，风电、光伏发电年度规模安排向贫困地区倾斜。

专栏 17

贫困地区重大基础设施建设工程

（一）交通骨干通道工程。

——铁路：加快建设银川至西安、郑州至万州、郑州至阜阳、张家口至大同、太原至焦作、郑州至济南、重庆至贵阳、兰州至合作、玉溪至磨憨、大理至临沧、弥勒至蒙自、叙永至毕节、渝怀铁路增建二线、青藏铁路格拉段扩能改造等项目。规划建设重庆至昆明、赣州至深圳、贵阳至南宁、长沙至赣州、京九高铁阜阳至九江段、西安至十堰、原平至大同、忻州至保定、张家界至吉首至怀化、中卫至兰州、贵阳至兴义、克塔铁路铁厂沟至塔城段、浦梅铁路建宁至冠豸山段、兴国至泉州、西宁至成都（黄胜关）、格尔木至成都、西安至铜川至延安、平凉至庆阳、和田至若羌至罗布泊、宝中铁路中卫至平凉段扩能等项目。

——公路：加快推进G75兰州至海口高速公路渭源至武都段、G65E榆树至蓝田高速公路绥德至延川段、G6911安康至来凤高速公路镇坪至巫溪段等国家高速公路项目建设，有序推进G244乌海至江津公路华池（打扮梁）至庆城段、G569曼德拉至大通公路武威至仙米寺段等165项普通国道建设。

——机场：加快新建巫山、巴中、仁怀、武冈、陇南、祁连、莎车机场项目，安康、泸州、宜宾机场迁建项目和桂林、格尔木、兴义等机场改扩建项目建设进度；积极推动新建武隆、黔北、罗甸、乐山、瑞金、抚州、朔州、共和、黄南机场项目，昭通机场迁建项目以及西宁等机场改扩建项目建设。

（二）重点水利工程。

——重点水源工程：加快建设贵州夹岩、西藏拉洛等大型水库工程及一批中小型水库工程；实施甘肃引洮供水二期工程等引提水及供水保障工程；在干旱易发县加强各类抗旱应急水源工程建设，逐步完善重点旱区抗旱体系。

——重点农田水利工程：基本完成涉及内蒙古、河北、河南、安徽、云南、新疆和湖南等省份贫困县列入规划的117处大型灌区续建配套与节水改造任务，加快推进中型灌区续建配套与节水改造。建设吉林松原、内蒙古绰勒、青海湟水北干渠、湖南涔天河等灌区。以新疆南疆地区、六盘山区等片区为重点，发展管灌、喷灌、微灌等高效节水灌溉工程。

——重点防洪工程：继续实施大中型病险水闸、水库除险加固。以东北三江治理为重点，进一步完善大江大河大湖防洪减灾体系。基本完成规划内乌江、白龙江、嘉陵江、清水河、湟水等244条流域面积3 000平方公里以上中小河流治理任务。以滇西边境山区、滇桂黔石漠化片区、武陵山区、六盘山区及非集中连片特困地区为重点，加大重点山洪沟防洪治理力度。开展易涝区综合治理工程建设，实施规划内蓄滞洪区建设和淮河流域重点平原洼地治理工程。

（三）重点能源工程。

——水电：开工建设金沙江白鹤滩、叶巴滩，澜沧江托巴，雅砻江孟底沟，大渡河硬梁包，黄河玛尔挡、羊曲等水电站；加快推进金沙江龙盘、黄河茨哈峡等水电站项目。

——火电：开工建设贵州习水二郎2×66万千瓦、河南内乡2×100万千瓦等工程。规划建设新疆南疆阿克苏地区库车俄霍布拉克煤矿2×66万千瓦坑口电厂。

——输电工程：开工建设蒙西—天津南特高压交流，宁东—浙江、晋北—江苏特高压直流，川渝第三通道500千伏交流等工程。开工建设锦界、府谷—河北南网扩容工程，启动陕北（延安）—湖北特高压直流输电工程工作。

——煤层气：开工建设吕梁三交、柳林煤层气项目，黔西滇东煤层气示范工程，贵州六盘水煤矿瓦斯抽采规模化利用和瓦斯治理示范矿井，新疆南疆阿克苏地区拜城县煤层气示范项目。

——天然气：开工建设新疆煤制气外输管道，楚雄—攀枝花天然气管道等工程。积极推进重庆、四川页岩气开发，开工建设重庆页岩气渝东南、万州—云阳天然气管道等工程，适时推进渝黔桂外输管道工程。

第四节　加快改善贫困村生产生活条件

全面推进村级道路建设。全面完成具备条件的行政村通硬化路建设，优先安排建档立卡贫困村通村道路硬化。推动一定人口规模的自然村通公路，重点支持较大人口规模撤并建制村通硬化路。加强贫困村通客车线路上的生命安全防护工程建设，改造现有危桥，对不能满足安全通客车要求的窄路基路面路段进行加宽改造。加大以工代赈力度，支持贫困地区实施上述村级道路建设任务。通过“一事一议”等方式，合理规划建设村内道路。

巩固提升农村饮水安全水平。全面落实地方政府主体责任，全面推进“十三五”农村饮水安全巩固提升工程，做好与贫困村、贫困户的精准对接，加快建设一批集中供水工程。对分散性供水和水质不达标的，因地制宜实行升级改造。提升贫困村自来水普及率、供水保证率、水质达标率，推动城镇供水设施向有条件的贫困村延伸，着力解决饮水安全问题。到2020年，贫困地区农村集中供水率达到83%，自来水普及率达到75%。

多渠道解决生活用能。全面推进能源惠民工程，以贫困地区为重点，加快实施新一轮农村电网改造升级工程，实施配电网建设改造行动计划。实行骨干电网与分布式能源相结合，到2020年，贫困村基本实现稳定可靠的供电服务全覆盖，供电能力和服务水平明显提升。大力发展农村清洁能源，推进贫困村小水电、太阳能、风能、农林和畜牧废弃物等可再生能源开发利用。因地制宜发展沼气工程。鼓励分布式光伏发电与设施农业发展相结合，推广应用太阳能热水器、太阳灶、小风电等农村小型能源设施。提高能源普遍服务水平，推进城乡用电同网同价。

加强贫困村信息和物流设施建设。实施“宽带乡村”示范工程，推动公路沿线、集镇、行政村、旅游景区 4G（第四代移动通信）网络基本覆盖。鼓励基础电信企业针对贫困地区出台更优惠的资费方案。加强贫困村邮政基础设施建设，实现村村直接通邮。加快推进“快递下乡”工程，完善农村快递揽收配送网点建设。支持快递企业加强与农业、供销合作、商贸企业的合作，推动在基础条件相对较好的地区率先建立县、乡、村消费品和农资配送网络体系，打造“工业品下乡”和“农产品进城”双向流通渠道。

继续实施农村危房改造。加快推进农村危房改造，按照精准扶贫要求，重点解决建档立卡贫困户、低保户、分散供养特困人员、贫困残疾人家庭的基本住房安全问题。统筹中央和地方补助资金，建立健全分类补助机制。严格控制贫困户建房标准。通过建设农村集体公租房、幸福院，以及利用闲置农户住房和集体公房置换改造等方式，解决好贫困户基本住房安全问题。

加强贫困村人居环境整治。在贫困村开展饮用水源保护、生活污水和垃圾处理、畜禽养殖污染治理、农村面源污染治理、乱埋乱葬治理等人居环境整治工作，保障处理设施运行经费，稳步提升贫困村人居环境水平。到 2020 年，90% 以上贫困村的生活垃圾得到处理，普遍建立村庄保洁制度，设立保洁员岗位并优先聘用贫困人口。开展村庄卫生厕所改造，逐步解决贫困村人畜混居问题。提高贫困村绿化覆盖率。建设村内道路照明等必要的配套公共设施。

健全贫困村社区服务体系。加强贫困村基层公共服务设施建设，整合利用现有设施和场地，拓展学前教育、妇女互助和养老服务、殡葬服务功能，努力实现农村社区公共服务供给多元化。依托“互联网 +”拓展综合信息服务功能，逐步构建线上线下相结合的农村社区服务新模式。统筹城乡社区服务体系规划建设，积极培育农村社区社会组织，发展社区社会工作服务。深化农村社区建设试点，加强贫困村移风易俗、乡风和村规民约等文明建设。

加强公共文化服务体系建设。按照公共文化建设标准，对贫困县未达标公共文化设施提档升级、填平补齐。加强面向“三农”的优秀出版物和广播影视节目生产。启动实施流动文化车工程。实施贫困地区县级广播电视播出机构制播能力建设工程。为贫困村文化活动室配备必要的文化器材。推进重大文化惠民工程融合发展，提高公共数字文化供给和服务能力。推动广播电视村村通向户户通升级，到 2020 年，基本实现数字广播电视户户通。组织开展“春雨工程”——全国文化志愿者边疆行活动。

着力改善生产条件。推进贫困村农田水利、土地整治、中低产田改造和高标准农田建设。抓好以贫困村为重点的田间配套工程、“五小水利”工程和高效节水灌溉工程建设，抗旱水源保障能力明显提升。结合产业发展，建设改造一批资源路、旅游路、产业园区路，新建改造一批生产便道，推进“交通 + 特色产业”扶贫。大力整治农村河道堰塘。实施贫困村通动力电规划，保障生产用电。加大以工代赈投入力度，着力解决农村生产设施“最后一公里”问题。

专栏 18

改善贫困乡村生产生活条件

（一）百万公里农村公路工程。

建设通乡镇硬化路1万公里，通行政村硬化路23万公里，一定人口规模的自然村公路25万公里（其中撤并建制村通硬化路约8.3万公里）。新建改建乡村旅游公路和产业园区公路5万公里。加大农村公路养护力度，改建不达标路段23万公里，着力改造“油返砂”公路20万公里。改造农村公路危桥1.5万座。

（二）小型水利扶贫工程。

实施农村饮水安全巩固提升工程，充分发挥已建工程效益，因地制宜采取改造、配套、升级、联网等措施，统筹解决工程标准低、供水能力不足和水质不达标等农村饮水安全问题。大力开展小型农田水利工程建设，因地制宜实施“五小水利”工程建设。

（三）农村电网改造升级工程。

完成贫困村通动力电，到2020年，全国农村地区基本实现稳定可靠的供电服务全覆盖，农村电网供电可靠率达到99.8%，综合电压合格率达到97.9%，户均配变容量不低于2千伏安，建成结构合理、技术先进、安全可靠、智能高效的现代农村电网。

（四）网络通信扶贫工程。

实施宽带网络进村工程，推进11.7万个建档立卡贫困村通宽带，力争到2020年实现宽带网络覆盖90%以上的贫困村。

（五）土地和环境整治工程。

开展土地整治和农村人居环境整治工程，增加耕地数量、提升耕地质量、完善农田基础设施，建设规模 1 000 万亩。分别在 8.1 万个行政村建设 55.38 万个公共卫生厕所，8.5 万个村建设 61.84 万处垃圾集中收集点，3.68 万个村建设 15.43 万处污水处理点，3.4 万个村建设 9.92 万处旅游停车场。

（六）农村危房改造。

推进农村危房改造，统筹开展农房抗震改造，到 2020 年，完成建档立卡贫困户、低保户、分散供养特困人员、贫困残疾人家庭的存量危房改造任务。

（七）农村社区服务体系建设工程。

力争到 2020 年底，农村社区综合服务设施覆盖易地扶贫搬迁安置区（点）和 50% 的建档立卡贫困村，农村社区公共服务综合信息平台覆盖 30% 的贫困县，努力实现社区公共服务多元化供给。

（八）以工代赈工程。

在贫困地区新增和改善基本农田 500 万亩，新增和改善灌溉面积 1 200 万亩，新建和改扩建农村道路 80 000 公里，治理水土流失面积 11 000 平方公里，片区综合治理面积 6 000 平方公里，建设草场 600 万亩。

（九）革命老区彩票公益金扶贫工程。

支持 396 个革命老区贫困县的贫困村开展村内道路、水利和环境改善等基础设施建设，实现项目区内自然村 100% 通公路，道路硬化率 80%，农户饮水安全比重 95% 以上，100% 有垃圾集中收集点，每个行政村设有文化广场和公共卫生厕所等。

第十一章 保障措施

将脱贫攻坚作为重大政治任务，采取超常规举措，创新体制机制，加大扶持力度，打好政策组合拳，强化组织实施，为脱贫攻坚提供强有力保障。

第一节 创新体制机制

精准扶贫脱贫机制。加强建档立卡工作，健全贫困人口精准识别与动态调整机制，加强精准扶贫大数据管理应用，定期对贫困户和贫困人口进行全面核查，按照贫困人口认定、退出标准和程序，实行有进有出的动态管理。加强农村贫困统计监测体系建设，提高监测能力和数据质量。健全精准施策机制，切实做到项目安排精准、资金使用精准、措施到户精准。健全驻村帮扶机制。严格执行贫困退出和评估认定制度。加强正向激励，贫困人口、贫困村、贫困县退出后，国家原有扶贫政策在一定时期内保持不变，确保实现稳定脱贫。

扶贫资源动员机制。发挥政府投入主导作用，广泛动员社会资源，确保扶贫投入力度与脱贫攻坚任务相适应。推广政府与社会资本合作、政府购买服务、社会组织与企业合作等模式，建立健全招投标机制和绩效评估机制，充分发挥竞争机制对提高扶贫资金使用效率的作用。鼓励社会组织承接东西部扶贫协作、定点扶贫、企业扶贫具体项目的实施，引导志愿者依托社会组织更好发挥扶贫作用。引导社会组织建立健全内部治理机制和行业自律机制。围绕脱贫攻坚目标任务，推进部门之间、政府与社会之间的信息共享、资源统筹和规划衔接，构建政府、市场、社会协同推进的大扶贫开发格局。

贫困人口参与机制。充分发挥贫困村党员干部的引领作用和致富带头人的示范作用，大力弘扬自力更生、艰苦奋斗精神，激发贫困人口脱贫奔小康的积极性、主动性、创造性，引导其光荣脱贫。加强责任意识、法治意识和市场意识培育，提高贫困人口参与市场竞争的自觉意识和能力，推动扶贫开发模式由“输血”向“造血”转变。建立健全贫困人口利益与需求表达机制，充分尊重群众意见，切实回应群众需求。完善村民自治制度，建立健全贫困人口参与脱贫攻坚的组织保障机制。

资金项目管理机制。对纳入统筹整合使用范围内的财政涉农资金项目，将审批权限下放到贫困县，优化财政涉农资金供给机制，支持贫困县围绕突出问题，以摘帽销号为导向，以脱贫攻坚规划为引领，以重点扶贫项目为平台，统筹整合使用财政涉农资金。加强对脱贫攻坚政策落实、重点项目和资金管理的跟踪审计，强化财政监督检查和项目稽察等工作，充分发挥社会监督作用。建立健全扶贫资金、项目信息公开机制，保障资金项目在阳光下运行，确保资金使用安全、有效、精准。

考核问责激励机制。落实脱贫攻坚责任制，严格实施省级党委和政府扶贫开发工作成效考核办法，建立扶贫工作责任清单，强化执纪问责。落实贫困县约束机制，杜绝政绩工程、形象工程。加强社会监督，建立健全第三方评估机制。建立年度脱贫攻坚逐级报告和督查巡查制度。建立重大涉贫事件处置反馈机制。集中整治和加强预防扶贫领域职务犯罪。

第二节　加大政策支持

财政政策。中央财政继续加大对贫困地区的转移支付力度，中央财政专项扶贫资金规模实现较大幅度增长，一般性转移支付资金、各类涉及民生的专项转移支付资金和中央预算内投资进一步向贫困地区和贫困人口倾斜。加大中央集中彩票公益金对扶贫的支持力度。农业综合开发、农村综合改革转移支付等涉农资金要明确一定比例用于贫困村。各部门安排的惠民政策、工程项目等，要最大限度地向贫困地区、贫困村、贫困人口倾斜。扩大中央和地方财政支出规模，增加基础设施和基本公共服务设施建设投入。各省（区、市）要积极调整省级财政支出结构，切实加大扶贫资金投入。

投资政策。加大贫困地区基础设施建设中央投资支持力度。严格落实国家在贫困地区安排的公益性建设项目取消县级和西部集中连片特困地区地市级配套资金的政策。省级政府统筹可支配财力，加大对贫困地区的投入力度。在扶贫开发中推广政府与社会资本合作、政府购买服务等模式。

金融政策。鼓励和引导各类金融机构加大对扶贫开发的金融支持。发挥多种货币政策工具正向激励作用，用好扶贫再贷款，引导金融机构扩大贫困地区涉农贷款投放，促进降低社会融资成本。鼓励银行业金融机构创新金融产品和服务方式，积极开展扶贫贴息贷款、扶贫小额信贷、创业担保贷款和助学贷款等业务。发挥好开发银行和农业发展银行扶贫金融事业部的功能和作用。继续深化农业银行三农金融事业部改革，稳定和优化大中型商业银行县域基层网点设置，推动邮政储蓄银行设立三农金融事业部，发挥好农村信用社、农村商业银行、农村合作银行的农村金融服务主力作用。建立健全融资风险分担和补偿机制，支持有条件的地方设立扶贫贷款风险补偿基金。鼓励有条件的地方设立扶贫开发产业投资基金，支持贫困地区符合条件的企业通过主板、创业板、全国中小企业股份转让系统、区域股权交易市场等进行股本融资。推动开展特色扶贫农业保险、小额人身保险等多种保险业务。

土地政策。支持贫困地区根据第二次全国土地调查及最新年度变更调查成果，调整完善土地利用总体规划。新增建设用地计划指标优先保障扶贫开发用地需要，专项安排国家扶贫开发工作重点县年度新增建设用地计划指标。中央在安排高标准农田建设任务和分配中央补助资金时，继续向贫困地区倾斜，并积极指导地方支持贫困地区土地整治和高标准农田建设。加大城乡建设用地增减挂钩政策支持扶贫开发及易地扶贫搬迁力度，允许集中连片特困地区和其他国家扶贫开发工作重点县将增减挂钩节余指标在省域范围内流转使用。积极探索市场化运作模式，吸引社会资金参与土地整治和扶贫开发工作。在有条件的贫困地区，优先安排国土资源管理制度改革试点，支持开展历史遗留工矿废弃地复垦利用和城镇低效用地再开发试点。

干部人才政策。加大选派优秀年轻干部到贫困地区工作的力度，加大中央单位和中西部地区、民族地区、贫困地区之间干部交流任职的力度，有计划地选派后备干部到贫困县挂职任职。改进贫困地区基层公务员考录工作和有关人员职业资格考试工作。加大贫困地区干部教育培训力度。实施边疆民族地区和革命老区人才支持计划，在职务、职称晋升等方面采取倾斜政策。提高博士服务团和“西部之光”访问学者选派培养水平，深入组织开展院士专家咨询服务活动。完善和落实引导人才向基层和艰苦地区流动的激励政策。通过双向挂职锻炼、扶贫协作等方式，推动东、中、西部地区之间，经济发达地区与贫困地区之间事业单位人员交流，大力选派培养与西部等艰苦地区优势产业、保障和改善民生密切相关的专业技术人才。充实加强各级扶贫开发工作力量，扶贫任务重的乡镇要有专门干部负责扶贫开发工作。鼓励高校毕业生到贫困地区就业创业。

第三节 强化组织实施

加强组织领导。在国务院扶贫开发领导小组统一领导下，扶贫开发任务重的省、市、县、乡各级党委和政府要把脱贫攻坚作为中心任务，层层签订脱贫攻坚责任书，层层落实责任制。重点抓好县级党委和政府脱贫攻坚领导能力建设，改进县级干部选拔任用机制，选好配强扶贫任务重的县党政班子。脱贫攻坚任务期内，县级领导班子保持相对稳定，贫困县党政正职领导干部实行不脱贫不调整、不摘帽不调离。加强基层组织建设，强化农村基层党组织的领导核心地位，充分发挥基层党组织在脱贫攻坚中的战斗堡垒作用和共产党员的先锋模范作用。加强对贫困群众的教育引导，强化贫困群众的主体责任和进取精神。大力倡导新风正气和积极健康的生活方式，逐步扭转落后习俗和不良生活方式。完善村级组织运转经费保障机制，健全党组织领导的村民自治机制，切实提高村委会在脱贫攻坚工作中的组织实施能力。加大驻村帮扶工作力度，提高县以上机关派出干部比例，精准选配第一书记，配齐配强驻村工作队，确保每个贫困村都有驻村工作队，每个贫困户都有帮扶责任人。

明确责任分工。实行中央统筹、省负总责、市县抓落实的工作机制。省级党委和政府对脱贫攻坚负总责，负责组织指导制定省级及以下脱贫攻坚规划，对规划实施提供组织保障、政策保障、资金保障和干部人才保障，并做好监督考核。根据国家关于贫困退出机制的要求，各省（区、市）统筹脱贫进度，制定省级“十三五”脱贫攻坚规划，明确贫困县、贫困村和贫困人口年度脱贫目标。县级党委和政府负责规划的组织实施工作，并对规划实施效果负总责。市（地）党委和政府做好上下衔接、域内协调和督促检查等工作。各有关部门按照职责分工，制定扶贫工作行动计划或实施方案，出台相关配套支持政策，加强业务指导和推进落实。

加强监测评估。国家发展改革委、国务院扶贫办负责本规划的组织实施与监测评估等工作。加强扶贫信息化建设，依托国务院扶贫办扶贫开发建档立卡信息系统和国家统计局贫困监测结果，定期开展规划实施情况动态监测和评估工作。监测评估结果作为省级党委和政府扶贫开发工作成效考核的重要依据，及时向国务院报告。

对本规划确定的约束性指标以及重大工程、重大项目、重大政策和重要改革任务，要明确责任主体、实施进度等要求，确保如期完成。对纳入本规划的重大工程项目，要在依法依规的前提下简化审批核准程序，优先保障规划选址、土地供应和融资安排。

人力资源社会保障部　财政部　国务院扶贫办关于切实做好就业扶贫工作的指导意见

人社部发〔2016〕119号

各省、自治区、直辖市及新疆生产建设兵团人力资源社会保障厅（局）、财政厅（局）、扶贫办：

做好就业扶贫工作，促进农村贫困劳动力就业，是脱贫攻坚的重大措施。为贯彻党中央、国务院关于打赢脱贫攻坚战的总体部署，落实东西部扶贫协作座谈会精神，进一步做好就业扶贫工作，在总结试点经验的基础上，现提出以下意见：

一、总体要求

（一）指导思想

全面落实党的十八大、十八届五中全会、六中全会和中央扶贫开发工作会议要求，深入贯彻习近平总书记关于脱贫攻坚系列重要讲话精神，充分认识做好就业扶贫工作的重要性和紧迫性，采取多种措施促进贫困劳动力实现就业、增加收入，发挥就业在精准扶贫中的重要作用，为打赢脱贫攻坚战、全面建成小康社会做出贡献。

（二）基本原则

1. 坚持政府推动。政府高度重视、强力推动，动员各方资源、搭建平台、畅通渠道、搞好服务。

2. 坚持市场主导。充分发挥市场配置人力资源的决定性作用，尊重企业用工自主权和劳动者就业意愿，促进人岗匹配。

3. 坚持分类施策。根据未就业贫困劳动力和已就业贫困劳动力、以及贫困家庭未升学初、高中毕业生的就业需求，采取有针对性的帮扶措施。

4. 坚持因地制宜。鼓励结合当地资源优势、产业基础等实际情况，充分利用地方特色，多渠道、多形式促进农村贫困劳动力转移就业。

（三）目标任务

围绕实现精准对接、促进稳定就业的目标，通过开发岗位、劳务协作、技能培训、就业服务、权益维护等措施，帮助一批未就业贫困劳动力转移就业，帮助一批已就业贫困劳动力稳定就业，帮助一批贫困家庭未升学初、高中毕业生就读技工院校毕业后实现技能就业，带动促进 1 000 万贫困人口脱贫。

二、主要措施

（一）摸清基础信息。各地扶贫部门要在建档立卡工作基础上，切实担负摸查贫困劳动力就业失业基础信息的责任。对未就业的摸清就业意愿和就业服务需求，对已就业的摸清就业地点、就业单位名称和联系方式，并填写农村贫困劳动力就业信息表（见附件），组织专人审核并将信息录入扶贫开发信息系统。充分发挥行政村第一书记、驻村工作队作用，把摸查责任落实到人，谁摸查、谁负责，对信息不准确的重新摸查和录入。创新摸查方式，多渠道开展信息摸查工作，有条件的地方可通过购买服务的方式予以支持。人力资源社会保障部将建立“农村贫困劳动力就业信息平台”，实现与扶贫开发信息系统对接，支持各地人力资源社会保障部门获取在本地的贫困劳动力基础信息。

（二）促进就地就近就业。各地要积极开发就业岗位，拓宽贫困劳动力就地就近就业渠道。东部省份、中西部省份经济发达地区要依托对口协作机制，结合产业梯度转移，着力帮扶贫困县发展产业，引导劳动密集型行业企业到贫困县投资办厂或实施生产加工项目分包。各地要积极支持贫困县承接和发展劳动密集型产业，支持企业在乡镇（村）创建扶贫车间、加工点，积极组织贫困劳动力从事居家就业和灵活就业。鼓励农民工返乡创业、当地能人就地创业、贫困劳动力自主创业，支持发展农村电商、乡村旅游等创业项目，切实落实各项创业扶持政策，优先提供创业服务。对大龄、有就业意愿和能力、确实难以通过市场渠道实现就业的贫困劳动力，可通过以工代赈等方式提供就业帮扶。

（三）加强劳务协作。各地要依托东西部对口协作机制和对口支援工作机制，开展省际劳务协作，同时要积极推动省内经济发达地区和贫困县开展劳务协作。贫困县要摸清本地贫困劳动力就业需求，并主动提供支援地，积极承接支援地提供的援助服务。支援地要广泛收集岗位信息，努力促进贫困劳动力与用人单位精准对接，提高劳务输出组织化程度；帮助贫困县健全公共就业服务体系，完善公共就业服务制度，提升就业服务能力；充分利用现代化手段开展远程招聘，降低异地招聘成本，提高招聘效率；支持贫困地区办好技工学校、职业培训机构和公共实训基地，重点围绕区域主导产业加强专业、师资、设备建设，提高技工教育和职业培训能力；加强对在支援地就业贫困劳动力的权益维护，提升其就业稳定性。各地要在企业自愿申报的基础上，遴选一批管理规范、社会责任感较强、岗位适合的企业作为贫困劳动力就业基地，定向招收贫困劳动力。鼓励人力资源服务机构、农村劳务经纪人等市场主体开展有组织劳务输出，按规定给予就业创业服务补贴。鼓励地方对跨省务工的农村贫困人口给予交通补助。

（四）加强技能培训。各地要以就业为导向，围绕当地产业发展和企业用工需求，统筹培训资源，积极组织贫困劳动力参加劳动预备制培训、岗前培训、订单培训和岗位技能提升培训，提高培训的针对性和有效性，并按规定落实职业培训补贴。实施技能脱贫千校行动，组织省级重点以上的技工院校，定向招收建档立卡贫困户青年，帮助他们获得专业技能，在毕业后实现技能就业。对就读技工院校的建档立卡贫困家庭学生，按规定免除学费、发放助学金、提供扶贫小额信贷等，支持其顺利完成技工教育并帮助其就业。

（五）促进稳定就业。各地要切实维护已就业贫困劳动力劳动权益，指导督促企业与其依法签订并履行劳动合同、参加社会保险、按时足额发放劳动报酬，积极改善劳动条件，加强职业健康保护。要定期联系、主动走访已就业贫困劳动力，及时掌握其就业失业情况，对就业转失业的，及时办理失业登记，按规定落实失业保险待遇，提供“一对一”就业帮扶，帮助其尽快上岗。鼓励人力资源服务机构对已就业农村贫困劳动力持续、跟踪开展就业服务，按规定给予就业创业服务补贴。鼓励企业稳定聘用贫困劳动力，对吸纳符合就业困难人员条件的贫困劳动力就业并缴纳社会保险的企业，给予社会保险补贴，补贴期限不超过三年。对吸纳贫困劳动力较多的企业，优先给予扶贫再贷款。人力资源社会保障部、国务院扶贫办将开展精准扶贫爱心企业创建活动，鼓励企业吸纳和稳定贫困劳动力就业。各地人力资源社会保障部门、扶贫部门要积极协调有关方面，为在当地就业的贫困劳动力提供力所能及的人文关怀，帮助其适应就业岗位和城市生活，积极引导志愿者组织、慈善组织等社会团体为贫困劳动力及其家属开展关爱活动。

三、工作要求

（一）加强组织领导。各地要将就业扶贫作为一项政治任务，加强组织领导，明确部门分工，强化协调配合，健全工作机制，形成工作合力。人力资源社会保障部门要将就业扶贫摆在就业工作的重要位置，切实落实就业扶持政策，搞好服务培训，推动劳务协作。扶贫部门要将就业扶贫纳入脱贫攻坚工作总体规划，在产业扶贫、易地搬迁、东西部对口协作扶贫等工作中统筹考虑，协调推动贫困地区开发就业岗位，切实负责做好贫困劳动力就业信息的摸查工作。人力资源社会保障部和国务院扶贫办建立定期信息交换制度，定期开展农村建档立卡贫困人口与全国社会保障卡持卡人员数据库信息比对工作。各级财政部门负责政策落实资金和工作经费保障。

（二）加强督促检查。各地要明确工作目标任务，细化省市县和部门责任，定期开展专项督促检查，有条件的要组织专业机构适时开展第三方评估。对工作成效好的市县和企业，予以表扬；对工作不到位、措施不得力、政策不落实、成效进展缓慢的地方，予以通报和及时纠正，对问题严重的要进行问责。

（三）落实资金保障。地方各级财政部门要保障做好就业扶贫工作所需经费，确保工作顺利推进。承担东西部对口协作任务的东部省份，可使用财政安排的援助资金促进在本省（区、市）就业的贫困劳动力稳定就业。各地可根据就业扶贫工作的实际需要，制定更有针对性的政策措施，统筹相关资金保障政策落实。

（四）加强宣传引导。各地要通过报纸、电台、电视台、互联网等媒体，结合实际制作宣传画、宣传册、公益广告等各类宣传材料，大力宣传促进就业扶贫工作目标任务、政策措施以及取得的进展成效，充分调动各方力量，引导贫困劳动力、企业和社会各界积极参与，营造良好社会氛围。要及时总结推广好的经验做法，树立贫困劳动力就业典型，发挥示范引领作用，充分调动贫困劳动力的主观能动性，激发贫困群众脱贫致富内生动力。

附件：农村贫困劳动力就业信息表（略）

2016年12月2日

人力资源社会保障部　国务院扶贫办
关于做好 2018 年就业扶贫工作的通知

人社部函〔2018〕22 号

各省、自治区、直辖市及新疆生产建设兵团人力资源社会保障厅（局）、扶贫办（对口支援办）:

2018 年是全面打好脱贫攻坚战的关键一年，也是就业扶贫巩固成效、攻坚克难之年。各地要以习近平新时代中国特色社会主义思想为指导，全面贯彻党的十九大精神，牢固树立“四个意识”，充分认识就业扶贫工作的重要意义，坚持精准扶贫精准脱贫基本方略，以促进有劳动能力的贫困人口都能实现就业为目标，以完善落实就业扶贫政策措施为抓手，以深度贫困地区为重点，进一步加大力度、精准施策，努力扩大贫困人口就业规模，提高就业稳定性，确保零就业贫困户至少一人实现就业。现就有关要求通知如下:

一、多渠道开发就地就近就业岗位。各地要加强就业扶贫载体建设，因地制宜推广就业扶贫车间、社区工厂、卫星工厂等就业扶贫模式，进一步规范建设标准，探索运行机制，加大政策扶持力度，促进可持续发展，引导就业扶贫载体吸纳更多建档立卡贫困人口就业。促进创业带动就业，引导农民工、大学生、退伍军人等人员到贫困县乡村创业，支持符合条件的企事业单位人员回流贫困村领办创办项目，培育贫困村创业致富带头人，支持农村电商发展，支持贫困县建设创业园区，加大创业政策、创业培训、创业服务力度，通过创业带动贫困劳动力就业。挖掘农业就业潜力，鼓励家庭农场、农业合作社、龙头企业等农业经营主体更多吸纳贫困劳动力就业。鼓励居家灵活就业，结合当地传统文化、自然生态、产业基础等情况，引导贫困劳动力居家从事传统手工艺制作、农产品加工、来料加工。统筹开发公益性岗位，鼓励引导贫困县乡积极开发养路、护林、护草、生态管护等用于扶贫的就业岗位，对符合条件的就业困难贫困劳动力予以托底安置，解决就业增收问题。

二、深入开展劳务协作。东西部协作省份要将劳务协作作为政治任务摆在重要位置，加强合作，加大力度，务求实效。落实劳务协议，根据协作进展情况及时调整补充协议内容，完善协作措施，提高协作有效性。加强劳务对接，广泛搜集适合贫困劳动力的岗位信息，建立跨区域、常态化的岗位信息共享和发布机制，组织开展形式多样的招聘活动，为贫困劳动力和用人单位搭建对接平台。加强能力建设，可通过帮助贫困县建设人力资源市场、职业培训机构，提供职业指导师、培训师资等多种方式，支持贫困地区提升公共就业服务能力和职业培训能力。加强工作推动，引导更多贫困劳动力参与劳务协作实现转移就业。

三、大力加强就业服务。各地要适应贫困劳动力特点，注重与扶志扶智相结合，提供全方位、精准化、精细化就业服务。积极开展职业指导，引导贫困劳动力树立正确的就业观念，提升就业意愿，激发劳动致富内生动力，调动贫困劳动力就业积极性，提高贫困劳动力劳动参与率。加强职业介绍，摸清每个贫困劳动力的基本情况和就业意愿，确定专人“一对一”帮扶，制定有针对性的个性化求职就业方案，引导贫困劳动力与用人单位精准对接；广泛动员劳务经纪人、人力资源市场机构参与就业扶贫，面向贫困劳动力开展有组织劳务输出。结合当地特色产业和人力资源优势，打造和推广一批劳务品牌，以劳务品牌带动转移就业。

四、开展技能扶贫行动。各地要针对贫困劳动力的实际情况和就业意愿，开展大规模职业技能培训和技工教育，确保有培训意愿的贫困劳动力都能得到职业技能培训机会，有就读技工院校意愿的符合条件的劳动者都能入学就读。广泛发动各级各类职业院校、职业培训机构和企业面向贫困劳动力开展职业技能培训，落实培训补贴政策，推行项目制培训，向政府认定的培训机构整建制购买就业技能培训项目。组织千所省级重点以上技工院校开展技能脱贫千校行动，力争使每个有就读技工院校意愿的贫困“两后生”都能免费接受技工教育，每名有参加职业培训意愿的贫困劳动力每年都能到技工院校接受至少 1 次免费职业培训。积极推荐接受技工教育和职业培训的贫困学生（学员）就业，实现“教育培训一人，就业创业一人，脱贫致富一户”的目标。

五、切实做好深度贫困地区就业扶贫工作。各地要切实负责，把深度贫困地区就业扶贫作为重中之重，制定专门的就业扶贫工作方案，明确目标任务，确定每年促进贫困劳动力就业人数和渠道，建立工作责任制。着力拓宽就业空间，依托东西部扶贫协作机制、对口支援机制，结合产业援助、项目援助和其他脱贫攻坚措施，开发适合当地贫困劳动力的岗位，创造更多就业机会。更加注重精准施策，针对深度贫困地区交通不便、贫困劳动力语言不通、就业意愿不强等问题，综合运用各种政策服务手段，提高服务培训的精准度，对零就业贫困户实施“一户一策”，确保至少一人实现就业。有条件的省份可组织贫困劳动力、贫困地区基层公共就业服务人员到经济发达地区实地观摩、短期培训、实习锻炼，帮助他们开阔视野、转变观念、提升能力。加大支持力度，积极协调发改、财政等部门在资金分配、项目安排上向深度贫困地区倾斜，帮助解决实际问题。

六、加强就业扶贫作风建设。2018年是脱贫攻坚作风建设年。各地要按照扶贫领域作风问题专项治理要求，切实落实责任，坚持目标导向、问题导向，健全制度、完善措施，把就业扶贫工作做实做细做出成效。进一步摸清底数，准确掌握贫困劳动力就业失业情况，依托农村贫困劳动力就业信息平台实行动态管理。进一步落实政策，完善操作办法，降低政策门槛，增强可操作性，确保符合条件的贫困劳动力、用人单位都能享受到政策扶持。进一步规范资金使用管理，杜绝发生就业补助资金、扶贫资金在就业扶贫工作中被贪污浪费、挤占挪用等问题。大兴调查研究之风，深入实地特别是深度贫困地区走访调查，指导解决工作中存在的突出问题。

七、营造良好社会氛围。各地要加强就业扶贫工作宣传，大力宣传就业扶贫的政策措施、工作中好的经验做法，以及通过就业创业脱贫致富的先进人物和典型事例，营造支持贫困劳动力就业创业、劳动致富光荣的良好社会氛围。进一步动员社会力量支持就业扶贫，征集一批在就业扶贫工作中做出突出贡献的企业案例，打造就业扶贫爱心企业典型，引导更多企业积极吸纳贫困劳动力就业。在各地工作基础上，人力资源社会保障部、国务院扶贫办将适时推出一批就业扶贫示范区、就业扶贫爱心企业，充分发挥示范带动作用，营造良好社会氛围。

各地要将就业扶贫中好的经验做法、典型案例、重大活动有关情况及时报送人力资源社会保障部就业促进司、国务院扶贫办开发指导司。

2018年3月16日

人力资源社会保障部　财政部
关于进一步加大就业扶贫政策支持力度
着力提高劳务组织化程度的通知

人社部发〔2018〕46号

各省、自治区、直辖市及新疆生产建设兵团人力资源社会保障厅（局）、财政厅（局）：

为深入学习贯彻习近平总书记关于扶贫工作的重要论述，全面落实党中央、国务院关于打赢脱贫攻坚战三年行动的部署安排，坚持精准扶贫精准脱贫基本方略，聚焦解决劳务组织化程度低的问题，进一步加大就业扶贫政策支持力度，努力促进建档立卡贫困劳动力（即16周岁以上、有劳动能力的建档立卡贫困人口，以下简称贫困劳动力）就业创业，确保完成带动300万贫困人口增收脱贫的目标任务，为打赢脱贫攻坚战提供强大助力。现就有关事项通知如下：

一、大力促进就地就近就业。各地要积极开发就业岗位，鼓励当地企业、农民专业合作社等吸纳贫困劳动力就业，扶持贫困地区发展一批扶贫车间、社区工厂、卫星工厂、就业驿站等载体，为贫困劳动力创造更多就地就近就业岗位。对企业、农民专业合作社和扶贫车间等各类生产经营主体吸纳贫困劳动力就业并开展以工代训的，根据吸纳人数，给予一定期限的职业培训补贴，最长不超过6个月。对企业吸纳贫困劳动力就业的，参照就业困难人员落实社会保险补贴等政策。有条件的地区可对吸纳贫困劳动力就业数量多、成效好的就业扶贫基地，按规定通过就业补助资金等给予一次性资金奖补。

二、积极支持创业带动就业。各地要积极支持贫困劳动力创业和农民工等人员返乡下乡创业，带动更多贫困劳动力就业。对有创业意愿并有一定创业条件的贫困劳动力，及时开展创业培训，落实税费减免、资金补贴、场地安排、创业担保贷款及贴息等政策。对首次创办小微企业或从事个体经营，且所创办企业或个体工商户自工商登记注册之日起正常运营6个月以上的贫困劳动力和农民工等返乡下乡创业人员，可给予一次性创业补贴。落实创业孵化基地奖补政策，对入驻实体数量多、孵化效果好的贫困县创业孵化载体，可适当提高奖补标准。

三、大力开展有组织劳务输出。各地要依托东西部扶贫协作机制、对口支援机制，结合省内结对帮扶机制，努力扩大劳务输出规模，着力提升劳务协作的组织化程度和就业质量。对各级公共就业服务机构针对贫困劳动力开展职业指导、专场招聘等就业服务活动的，给予就业创业服务补助，并适当提高补助标准。对人力资源服务机构、劳务经纪人等市场主体开展贫困劳动力有组织劳务输出的，可通过就业创业服务补助购买基本服务成果。对贫困劳动力通过有组织劳务输出到户籍所在县以外就业的，给予一次性求职创业补贴。对企业接收外地贫困劳动力就业的，输入地要参照当地就业困难人员落实社会保险补贴、创业担保贷款及贴息等政策。承担东西部对口协作任务的东部省份，可使用财政安排的援助资金促进在本省（区、市）就业的贫困劳动力稳定就业。

四、通过公益性岗位托底安置。各地要指导贫困县按照有关政策和资金管理的规定，统筹利用各类资金开发公益性岗位，为贫困劳动力提供帮扶，贫困地区人力资源社会保障部门应将新增和腾退的公益性岗位优先用于安置贫困劳动力。积极协调林业草原、交通、扶贫等部门，综合开发保洁保绿、治安协管、乡村道路维护、山林防护、孤寡老人和留守儿童看护等公益性岗位，鼓励贫困村利用村集体收益等资金开发公益性岗位，安置贫困劳动力就业。

五、大规模开展职业培训。各地要根据贫困劳动力就业意愿和市场用工需求，大规模开展职业培训，创新培训形式，优化项目开发，加强师资配置，提升培训质量。鼓励通过项目制方式，整建制购买职业技能培训或创业培训项目，为贫困劳动力免费提供培训。对参加职业培训的贫困劳动力，在培训期间给予生活费补贴。对就读技工院校的建档立卡贫困家庭学生按规定免除学费、发放助学金，支持其顺利完成技工教育并帮助其就业。

六、切实加强组织保障。各地人力资源社会保障部门要把做好就业扶贫作为重大政治任务，主要负责同志要亲自抓，健全工作机制，明确任务分工，突出问题导向，优化政策供给，细化工作方案，下足绣花功夫，确保就业扶贫目标任务如期完成。各地财政部门要切实加强经费保障，加大对深度贫困地区的资金倾斜和支持力度，确保就业扶贫政策落地生效和工作顺利推进。

以上政策执行期限截至 2021 年 12 月 31 日。各地要提前做好政策到期衔接准备，在确保贫困劳动力稳定脱贫的同时，做到政策不断档、服务不断线、后续有衔接。

2018 年 8 月 8 日

人社部印发《打赢人力资源社会保障扶贫攻坚战三年行动方案》的通知

人社部发〔2018〕54号

各省、自治区、直辖市及新疆生产建设兵团人力资源社会保障厅（局）、部属各单位：

《打赢人力资源社会保障扶贫攻坚战三年行动方案》已经第16次党组会审议通过，现印发给你们，请结合实际认真贯彻落实。

人力资源社会保障部

2018年8月31日

打赢人力资源社会保障扶贫攻坚战三年行动方案

为贯彻落实《中共中央、国务院关于打赢脱贫攻坚战三年行动的指导意见》（中发〔2018〕16号），进一步发挥人力资源社会保障部门职能作用，细化任务措施，压实工作责任，强化工作落实，推动人力资源社会保障扶贫攻坚工作更加有效开展，制定本方案。

一、总体要求

（一）指导思想。全面贯彻党的十九大和十九届二中、三中全会精神，以习近平新时代中国特色社会主义思想为指导，坚决贯彻落实党中央、国务院关于打赢脱贫攻坚战的决策部署，坚持精准扶贫精准脱贫基本方略，聚焦深度贫困地区和特殊贫困群体，坚持目标标准，突出问题导向，优化政策供给，细化到村、落实到户、精准到人，下足绣花功夫，不断加大就业创业、技能培训、社会保险、人事人才扶贫工作力度，为打赢脱贫攻坚战做出积极贡献。

（二）目标任务。到 2020 年，通过扩大建档立卡贫困劳动力（以下简称贫困劳动力）就业规模、提高就业质量，促进 100 万贫困劳动力实现就业，带动 300 万建档立卡贫困人口（以下简称贫困人口）脱贫。使有职业培训需求的贫困劳动力都有机会接受职业培训，完成贫困劳动力职业技能培训累计 300 万人次；使有就读技工院校意愿的建档立卡贫困家庭应、往届两后生（以下简称贫困家庭学生）都能接受技工教育，技工院校新招收贫困家庭学生不少于 12 万人。实现贫困人口基本养老保险全覆盖。各类人才服务贫困地区的支持力度不断加大，人才智力支撑贫困地区脱贫能力显著增强。

二、全力推进就业扶贫

（一）强化就业服务。各地要制定切实可行的就业扶贫计划，准确掌握贫困劳动力基本信息，加强就业服务，开展“一对一”精准帮扶，充分调动贫困劳动力就业积极性。各地公共就业服务机构要深入摸查贫困劳动力的情况，针对其贫困特点，积极开展职业指导，加强职业介绍，推动就业意愿、就业技能与就业岗位精准对接，提高就业脱贫覆盖面。发挥人力资源服务机构作用，加强人力资源市场供求信息监测，开展专场招聘、就业创业指导、技能培训等活动。（责任单位：就业司、市场司按照职责分工负责）

（二）扶持发展扶贫车间等载体吸纳就业。在贫困乡镇、村建设一批扶贫车间、社区工厂、卫星工厂等就业扶贫载体。配合扶贫部门将扶贫车间等载体建设纳入扶贫项目建设规划，不断规范建设标准。鼓励企业、农民专业合作社、扶贫车间等各类用人单位吸纳贫困劳动力就业，对开展以工代训的，给予职业培训补贴；对企业按规定给予一定数额的社会保险费补贴；对吸纳就业成效好的就业扶贫基地，给予一次性资金奖补。（责任单位：就业司）

（三）鼓励返乡下乡创业带动就业。积极推进贫困县返乡创业园建设，加大创业扶持政策、创业服务支持力度，引导各类人员到贫困县创业，带动贫困劳动力就业。通过承接产业转移、发展农村电商、创意农业、乡村旅游等措施，在贫困地区培育一批创业项目，其中办理工商登记注册的，按规定落实小微企业扶持政策，对吸纳贫困劳动力就业并稳定就业1年以上的，可给予一定奖补。实施返乡创业带头人培养计划、创业服务能力提升计划，对吸纳贫困劳动力多的创业企业，优先落实扶持政策。对贫困劳动力、农民工等返乡下乡创业人员首次创办小微企业或从事个体经营并且正常运营6个月以上的，给予一次性创业补贴。对入驻实体数量多、孵化效果好的贫困县创业孵化载体，提高创业孵化基地奖补标准。（责任单位：就业司）

（四）深化扶贫劳务协作。加强输出地与输入地的劳务协作，完善落实劳务协议，努力扩大劳务输出规模，提高劳务组织化程度。输出地政府要摸清有意愿外出贫困劳动力的基本情况、就业意愿等信息，帮助解决实际困难与问题，做好劳务输出的组织发动。要结合当地特色产业和人力资源优势，打造和推广一批劳务品牌，以劳务品牌带动转移就业。鼓励支持输出地政府在贫困劳动力务工较集中的城市或地区建立劳务站，为外出务工人员提供持续帮扶。输入地政府要搞好与输出地政府的劳务对接，着力开发和提供就业岗位，为贫困劳动力转移就业提供职业培训、就业服务、劳动维权等“三位一体”的服务，增强贫困劳动力就业稳定性。深化家政服务劳务对接扶贫行动，完善家政服务劳务对接扶贫工作机制，推动落实省际家政服务劳务对接扶贫协议，加强省内家政服务劳务对接扶贫。支持家政服务企业在贫困县建立贫困劳动力转移就业和培训基地。对通过有组织劳务输出到户籍所在县以外地区就业的贫困劳动力，给予一次性求职创业补贴；对开展有组织劳务输出的人力资源服务机构、公共就业服务机构、劳务经纪人，给予就业创业服务补助。对接受外地贫困劳动力就业的企业，参照当地就业困难人员落实社会保险补贴、创业担保贷款及贴息等政策。（责任单位：就业司、农民工司按照职责分工负责）

（五）开发公益性岗位托底安置。各地要统筹考虑乡村建设实际需要，开发农村保洁、治安、护路、管水、扶残助残、养老护理等公益性岗位，帮扶贫困劳动力就业。贫困地区新增和腾退的公益性岗位应优先安置贫困劳动力，可由就业补助资金给予一定期限的岗位补贴。积极协调林业草原、交通、扶贫等部门，开发各类公益性岗位安置贫困劳动力。鼓励各地通过以工代赈、以奖代补、劳务补助等方式，动员更多贫困劳动力参与小型基础设施、农村人居环境整治等项目建设，增加劳务收入。（责任单位：就业司）

三、持续推进技能扶贫

（一）实施技能脱贫专项行动。坚持就业导向，对接岗位需求信息，面向有培训需求的贫困劳动力大规模开展职业技能培训。对参加职业培训的贫困劳动力，在培训期间给予生活费补贴。优化培训方式方法，根据实际情况采取集中培训、弹性培训、上门培训等方式，开展进乡镇、进社区、进家庭等“点对点”“一对一”精准培训。对吸纳就业能力较强的家政服务、物流配送、养老服务等产业，加大劳务输出培训力度。充分发挥企业在职工技能培训中的主体作用，鼓励各地企业特别是贫困地区企业招用贫困劳动力并开展培训，鼓励建设劳动力培训基地，推进企业新型学徒制培训。各地要严格执行贫困劳动力职业培训补贴政策，扩大培训补贴对象范围，增加补贴项目，上调补贴标准，完善补贴拨付流程，简化程序，加强资金监管。（责任单位：职业能力司）

（二）深入开展技能脱贫千校行动。为有就读技工院校意愿的贫困家庭学生提供免费技工教育，为有劳动能力和培训意愿的贫困劳动力提供免费职业技能培训。指导各地确定一批重点院校和专业，建立健全结对协作和对口支援工作机制，支援深度贫困地区技工院校发展。深化校企合作，广泛组织动员，鼓励社会各界参与，共同开展精准技能扶贫。强化资金投入保障，加强教学资源支持，强化激励措施引导，加强信息管理、统计和宣传等基础工作，确保技能脱贫千校行动取得更大成效。（责任单位：职业能力司）

（三）增强贫困地区职业培训供给能力。培训项目向所有具备资质的培训机构开放。引导各类培训资源积极开展贫困劳动力职业培训，支持贫困地区合理增设职业培训机构和技工院校。通过多种渠道和方式援助贫困地区培训机构和技工院校改善办学条件、扩展办学规模。采取双向挂职、两地培训、委托培养和支教等方式，开展师资培训和“传帮带”等活动。开发适合贫困劳动力特点的培训项目，打造适应县域经济发展、满足贫困劳动力个性化、差异化培训需求的精品课程。为贫困地区职业培训机构和技工院校免费提供多媒体培训资源支持。（责任单位：职业能力司）

四、全面落实社会保险扶贫政策

（一）推进贫困人口社会保险应保尽保。结合全民参保计划，积极主动为贫困人口开展社会保险扶贫政策宣传和参保登记等经办服务工作，切实落实贫困人口各项参保优惠及代缴补贴政策，重点做好为建档立卡未标注脱贫的贫困人口、低保对象、特困人员等困难群体代缴城乡居民养老保险费。支持和引导符合条件的乡村医生按规定参加城镇职工基本养老保险。对行动不便的贫困人口，提供上门服务，推动应保尽保。（责任单位：养老司、农保司、信息中心、社保中心按照职责分工负责）

（二）逐步提高城乡居民基本养老保险待遇水平。指导各地建立城乡居民基本养老保险待遇确定和基础养老金正常调整机制。根据经济发展和居民收入水平增长情况，逐步提高城乡居民基本养老保险最低缴费标准和基础养老金标准，推动城乡居民基本养老保险待遇水平随经济发展而逐步提高。（责任单位：农保司）

（三）防范因工伤、失业致贫返贫。大力推进工程建设领域按项目参加工伤保险；探索建立新产业新业态从业人员职业伤害保障制度，防止快递业等行业从业人员因工伤致贫返贫。积极推进农民工参加失业保险，关注贫困人口就业后的参保情况，推动各地适当上调失业保险金标准，确保失业保险金应发尽发，为包括贫困人口在内符合条件的失业人员提供基本

生活保障。（责任单位：失业司、工伤司按照职责分工负责）

五、不断加强人事人才扶贫

（一）积极引导各类人才向贫困地区流动。在贫困地区县乡事业单位公开招聘中放宽年龄、学历和专业要求，允许拿出一定数量的岗位面向本地户籍或生源招聘，对采取统一考试方式招聘的，可根据工作需要适当降低开考比例或不设开考比例，划定成绩合格线；对急需紧缺专业人才，可以根据实际情况，采取直接考察方式招聘。进一步扩大全科医生特设岗位计划实施范围，推动贫困地区实现全科医生特设岗位计划全覆盖。鼓励支持高校和科研院所等事业单位专业技术人员带成果项目到贫困地区创新创业，发展扶贫产业带动贫困人口就业创业。根据事业单位工作人员奖励相关规定，对在扶贫工作中做出突出贡献的事业单位工作人员或工作人员集体给予奖励。结合农业技术、中小学教师、基层卫生等专业技术领域职称制度改革，研究制定对贫困地区专业技术人才倾斜支持政策，对论文、外语和计算机应用能力不作硬性要求，侧重考察其工作实绩，适当放宽学历和任职年限要求；鼓励有条件的贫困地区单独建立基层专业技术人才职称评审委员会或评审组，单独评审。选拔享受国务院政府特殊津贴人员和表彰全国杰出专业技术人才向贫困地区倾斜。（责任单位：专技司、事业管理司按照职责分工负责）

（二）为贫困地区提供智力支持和人才服务。优先在贫困地区遴选建设国家级专家服务基地，支持贫困地区新设博士后科研流动站、工作站。大力推进东西部干部双向挂职、人才双向交流，注重从贫困地区选拔专业技术人才到发达地区进修培训。开展专家服务基层、“千人计划”专家下基层、博士后科技服务团等专家服务活动，发挥专家智力、技术和信息优势，支援贫困地区培养一批专业技术人才，转化一批技术成果。专业技术人员到贫困地区开展服务的年限，可认定为基层工作服务年限，在职称评定、岗位聘用等方面予以倾斜。实施高校毕业生“三支一扶”计划，每年选派 2.5 万名左右高校毕业生到基层从事扶贫等服务。全面组织实施“三支一扶”人员能力提升专项计划，强化基层工作能力培训，提高“三支一扶”人员服务基层效果。(责任单位：市场司、专技司按照职责分工负责)

(三)落实向贫困地区倾斜的工资政策。适时调整事业单位工作人员艰苦边远地区津贴标准，适当向高类区和低岗位人员倾斜，扶持贫困地区事业单位提高工资收入水平。完善西藏事业单位工作人员西藏特殊津贴实施办法，建立动态增长机制，及时调整西藏特殊津贴标准。继续指导四省提高四省藏区事业单位工作人员工资收入水平。适时调整南疆四地州事业单位工作人员南疆工作补贴标准。指导有关省份落实好高校毕业生到基层工作高定工资政策、乡镇工作补贴、高海拔地区折算工龄补贴等政策，在落实乡镇工作补贴时向条件艰苦的偏远乡镇和长期在乡镇事业单位工作的人员倾斜。(责任单位：工资司)

六、加大深度贫困地区支持力度

(一)加大就业扶贫力度。进一步加大就业补助资金对深度贫困地区的转移支付力度，将就业扶贫任务纳入就业补助资金分配因素。针对深度贫困地区交通不便、语言障碍等特殊问题，综合运用多种手段，制定实施更有针对性的就业扶贫政策措施。组织深度贫困地区基层公共就业服务人

员到对口帮扶省份实地观摩、短期培训，帮助提升服务能力。（责任单位：就业司）

（二）加大技能扶贫力度。指导深度贫困地区研究制定贫困劳动力职业培训补贴政策，可将居家就业人员纳入补贴对象，将适合就业的和劳务输出的职业（工种）纳入政府补贴目录。支持“三区三州”技工院校至少建设一个特色优势主体专业、拥有一个资料室、每名教师和管理人员至少参加一次培训。加大对口帮扶深度贫困地区培训机构和技工院校力度，提高技工教育和职业培训水平。承担帮扶任务的技工院校对深度贫困地区技工院校特色优势主体专业进行定点帮扶。（责任单位：职业能力司）

（三）加大失业保险政策倾斜力度。将深度贫困地区参保企业稳岗补贴标准提高到该企业及其职工上年度实际缴纳失业保险费总额的 60%，将深度贫困地区参保职工申领技能提升补贴条件由参保缴费累计满 3 年放宽至满 1 年。深度贫困地区失业保险金标准上调至最低工资标准的 90%。吸纳贫困人口就业并签订劳动合同的事业单位，可以享受稳岗补贴政策和技能提升补贴政策。（责任单位：失业司）

（四）加大干部人才支持力度。新疆、西藏少数民族专业技术人才特殊培养学员名额适当向南疆四地州倾斜，学员选拔范围扩大到四省藏区。每年组织医疗卫生、农业畜牧、交通运输、环境资源、企业管理和教育等专业领域的专家，分别赴新疆南疆、西藏开展讲学、技术指导、学术交流等活动，培训指导当地从事相关工作的专业技术人员和管理人员。对“三区三州”全部博士后设站单位实现博士后日常经费资助全覆盖。“三支一扶”招募名额和中央财政补助资金进一步向深度贫困地区倾斜，进一步加大深度贫困地区扶贫岗位开发力度。在援藏援疆援青工作中，选派优秀后备干部和专业技术人才到“三区三州”等深度贫困地区挂职任职，按规定落实相关待遇。（责任单位：市场司、专技司按照职责分工负责）

七、加强扶贫攻坚工作组织保障

（一）全方位压实攻坚责任。强化中央统筹、省负总责、市县抓落实的工作机制。人力资源社会保障部成立扶贫工作领导小组，统筹协调人力资源社会保障扶贫攻坚工作，加强督促指导。落实定点扶贫工作责任，加强工作力量，加大帮扶工作力度。省级人力资源社会保障部门要结合当地实际，制定具体实施方案，市县级人力资源社会保障部门抓好落实。各级人力资源社会保障部门要把扶贫攻坚工作摆在突出位置，加强组织领导，层层分解任务、层层压实责任，强化政策落实落地，确保人力资源社会保障扶贫攻坚工作取得实效。加强人力资源社会保障扶贫攻坚政策和典型做法的宣传报道，充分发挥示范引领作用。（责任单位：部属有关单位）

（二）强化扶贫信息的共享和比对。完善人力资源社会保障扶贫信息平台，加强与国家扶贫开发大数据平台的对接，加强各部门间、各层级间的扶贫数据共享和交换，加强统计监测和数据分析，为精准扶贫提供支持。各地要积极应用农村贫困劳动力就业信息平台，及时核实、更新贫困劳动力就业信息、职业技能培训人次等。推动技工院校学籍管理系统与雨露计划信息服务管理系统的及时对接，建立技工院校电子注册和统计信息管理系统与贫困人口信息系统精准比对机制。按季度开展贫困人口与全国社会保险参保人员数据比对，动态掌握贫困人口参保信息。（责任单位：规划司、就业司、职业能力司、农民工司、农保司、信息中心、社保中心按照职责分工负责）

（三）加强公共服务能力建设。加快推进基层劳动就业和社会保障服务平台项目建设进度，指导地方多措并举改善基层公共服务条件，增强公共服务能力，提升公共服务标准化、信息化、便民化水平，为群众提供更加优质便捷高效的基本公共服务。进一步加强人力资源社会保障系统行风建设，不断提升窗口经办人员服务意识和服务作风，逐步实现各级审批和公共服务“马上办、就近办、一次办”。加强干部培训，提高人力资源社会保障干部精准扶贫能力，培养锻炼过硬的扶贫攻坚干部队伍。（责任单位：规划司、行风办、部属有关单位按照职责分工负责）

（四）持续开展作风问题专项治理。各级人力资源社会保障部门要持续开展扶贫领域作风问题专项治理。加强督促检查，对人力资源社会保障扶贫领域“四个意识”不强、责任落实不到位、工作措施不精准、资金管理使用不规范、工作作风不扎实、考核评估不严格等问题，要严肃查处。（责任单位：农民工司、驻部纪检组、行风办、部属有关单位按照职责分工负责）

各省、自治区、直辖市及新疆生产建设兵团人力资源社会保障厅（局）具体实施方案于2018年10月底前报送人力资源社会保障部。每年10月底前将工作开展情况报送人力资源社会保障部，人力资源社会保障部将按要求向党中央报告工作情况。

人力资源社会保障部办公厅　国务院扶贫办综合司关于进一步做好就业扶贫工作有关事项的通知

人社厅发〔2017〕38号

各省、自治区、直辖市及新疆生产建设兵团人力资源社会保障厅（局）、扶贫办（对口支援办）：

为贯彻脱贫攻坚“十三五”规划，进一步做好就业扶贫工作，根据《关于切实做好就业扶贫工作的指导意见》（人社部发〔2016〕119号）有关要求，现就有关事项通知如下：

一、遴选一批全国就业扶贫基地

（一）遴选目的

充分发挥就业扶贫基地的示范效应，引领带动更多企业吸纳农村贫困劳动力就业；发布就业扶贫基地的用工岗位信息，为各地开展有组织劳务输出、农村贫困劳动力自主求职提供帮助。

（二）遴选原则

政府广泛动员，企业自主申报，坚持公平、公正、公开，实事求是、择优推荐。

（三）遴选范围

具备遴选条件的各类企业均可申报。

（四）遴选条件

1. 热心社会公益、具有社会责任感。

2. 能够提供适合农村贫困劳动力就业岗位，并愿意接收人力资源社会保障部门、扶贫部门推荐的建档立卡农村贫困劳动力就业。

3. 能够吸纳建档立卡农村贫困劳动力就业的数量不少于30人。

4. 职业培训制度较为完善，积极开展员工技能培训。

5. 遵守人力资源社会保障法律法规，与建档立卡农村贫困劳动力依法签订劳动合同、合同期限至少在1年以上；能够按时足额支付劳动报酬、缴纳社会保险费；劳动保障诚信等级评价为A级。

6. 劳动关系总体和谐，近年来未发生拖欠工资、集体停工等重大事件；职业安全卫生制度比较健全，管理规范，近年来未发生重大安全生产事故。

7. 生产经营比较稳定，近年来无不良征信和违法行为记录，无经济、法律纠纷；有健康向上的企业文化，注重人文关怀。

（五）遴选程序

1. 由省级人力资源社会保障部门对照上述基本条件，组织开展遴选工作并择优推荐；

2. 人力资源社会保障部、国务院扶贫办汇总各省份报送的就业扶贫基地名单并向社会公布。

（六）有关要求

1. 精心组织。各地要高度重视，广泛动员能够提供较多适合农村贫困劳动力就业岗位的企业主动申报，优先遴选能够提供岗位数量较多、劳动条件较好、权益保障到位的企业。各地遴选报送的企业数量不少于30家。

2. 认真填报推荐表。各地人力资源社会保障部门要负责核实推荐表（见附件 1）各项内容，确保真实准确，同时要指导所推荐的就业扶贫基地填报岗位信息表（见附件 2），于 2017 年 4 月 30 日前一并报送人力资源社会保障部。

3. 加强工作指导。各地要加强对就业扶贫基地的跟踪指导，及时了解掌握就业扶贫基地吸纳贫困劳动力就业情况，督促企业按季度上报能够提供贫困劳动力就业的岗位信息。对降低工作标准或无法完成既定扶贫任务目标的就业扶贫基地，将进行动态调整；对工作突出的就业扶贫基地，将作为人力资源社会保障部、国务院扶贫办创建精准扶贫爱心企业的参考。

二、深入推进扶贫劳务协作

劳务协作是东西部扶贫协作的重要组成部分。《中共中央办公厅　国务院办公厅关于进一步加强东西部扶贫协作工作的指导意见》（中办发〔2016〕69 号）明确将劳务协作纳入国家脱贫攻坚考核范围，作为国家扶贫督查巡查重要内容。各地特别是东西部扶贫协作结对省市（见附件 3）务必高度重视，采取切实有效举措，提升协作水平，促进农村贫困劳动力转移就业和稳定就业。

（一）建立健全劳务协作机制。东西部扶贫协作省市要确定劳务协作实施机构、联系人，建立定期联系制度，签订劳务协作协议。协作双方人社部门已经签订劳务协作协议的，要抓紧组织实施；协作双方政府已签订框架协议的，双方人社部门要抓紧细化实化劳务协作具体措施，抓紧签订劳务协作协议；协作双方尚未签订协议的，双方人社部门之间要抓紧对接，尽快签订劳务协作协议。中西部省份在开展省际劳务协作的同时，要组织省内经济发达市县与贫困县开展劳务协作。

（二）夯实劳务协作内容。各地要坚持优势互补、合作共赢，把切实解决农村贫困劳动力就业作为劳务协作的首要目标任务，在开发当地岗位、共享用工岗位信息、开展有组织劳务输出、组织技能培训、加强输出后的跟踪管理服务、维护劳动权益等方面开展务实合作，支持贫困地区公共就业服务机构建设，努力促进贫困劳动力与企业精准对接，帮助贫困劳动力实现就业和稳定就业。特别是要结合中心城市与中西部贫困地区家政服务劳务对接行动的开展，在劳务协作中突出家政服务业供需对接。

（三）加强工作推动。东西部扶贫协作省份省级人社部门要加强对劳务协作工作的统筹协调和指导，全面掌握省内劳务协作进展情况，尤其要掌握通过劳务协作促进建档立卡农村贫困劳动力就业的数量；加强对参与劳务协作市县的工作指导，及时帮助解决问题困难，推动劳务协作取得实效。东西部扶贫协作省份确定的实施机构、联系人，以及签订的劳务协议，请于4月30日前报送人力资源社会保障部。“十三五”期间东西部扶贫劳务协作进展情况，请分别于每年6月底、12月底前报送。

三、大力支持贫困劳动力就地就近就业

各地要支持贫困县创造就业机会，多渠道开发县内就业岗位，促进贫困劳动力就地就近就业。要结合产业扶贫，依托东西扶贫协作机制，引导和支持劳动密集型行业企业到贫困县投资办厂或加工项目分包。鼓励探索集中生产与家庭分散加工相结合的就业模式，支持贫困人口居家就业和灵活就业。要因地制宜采取措施，在乡镇、行政村创建社区工厂、扶贫车间、加工点，组织贫困劳动力在家门口就业。鼓励创业带动就业，结合贫困县

特色产业、特色产品、旅游资源等，支持贫困县农民工返乡创业，加大贫困村创富带头人培训力度，落实各项创业扶持政策，带动更多贫困人口增收脱贫。对通过市场渠道确实难以实现就业的，可结合易地扶贫搬迁、生态保护脱贫、基础设施建设等脱贫攻坚工程中开发出来的岗位，优先帮扶其就业。

附件：1. 就业扶贫基地推荐表（略）

2. 就业扶贫基地岗位信息表（略）

3. 东西部协作扶贫对口支援机制（略）

2017 年 4 月 11 日